V. 2636.
1. Â.

L'ART
DE
PEINTURE
DE
CHARLES ALPHONSE
DV FRESNOY,

Traduit en François,

AVEC DES REMARQVES
neceſſaires & tres-amples.

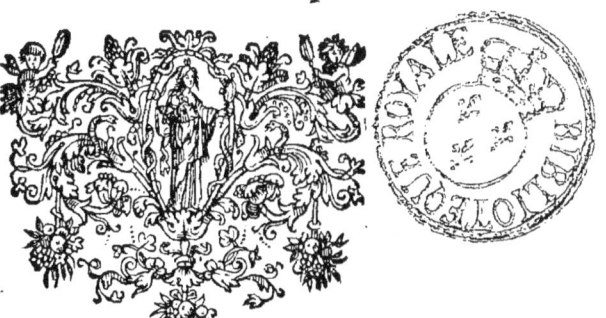

A PARIS,

Chez NICOLAS L'ANGLOIS, ruë Saint Jacques
à la Victoire.

M. DC. LXVIII.
Avec Privilege du Roy.

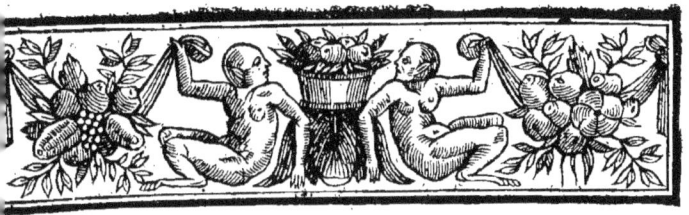

ILLUSTRISSIMO

CLARISSIMOQUE

DOMINO D.

IOANNI BAPTISTÆ
COLBERT,
MARCHIONI DE SEIGNELAY,
Reg. Ord. Quæstori, Ærarij
Gallici Artium, Ædificiorum,
maximorumque Regni negotiorum summo Moderatori, &c.

*EMO est bonorum
Artium studiosus*, VIR
ILLUSTRISSIME, *quem
Regis Maximi benevolentia*

EPISTOLA.

non excitet, quique felicia illa Alexandri Augustique tempora non recordetur, quibus tanti quisque fiebat à Principe, quantum civitatem tueri vel ornare valeret. Nec est qui dubitare possit serio à Rege illas diligi, cum eundem videt illis colendis augendisque præpositum, cui pleraque vel maximi momenti negotia credita sunt; teque animadvertit inter innumeras occupationes, Ædificia, Signa, Picturas, cæteraque hujusmodi curare ut Regis Augustissimi magnitudine digna sint. Ego quantum in me fuit, VIR ILLUSTRISSIME, *Regis voluntati sum obsecutus; Picturæque, quam præ cæteris ei placere, tibi imprimis curæ esse*

EPISTOLA.

videbam, impensiùs me dedi. Cùm Artem illam ab ineunte ætate exercuissem, cùmque satis multa ejus Artis Præcepta collegissem, quæ prodesse aliis non parum posse viderentur; ea tamen, quandiu corpore valui, sequi pingendo satius esse credidi, quàm scribendo tradere, Tyronesque Tabulis malui docere quàm Libris. Verùm ex quo manibus totique adeo corpori motum dira Paralysis ademit, nec quidquam mihi sani præter mentem vocemque relictum est, visum est calamitosum otium lucri facere, idque curare ne inutilis omnino essem & terræ pondus. Recensui ergo quæ ante annos duos & tringinta Romæ de Pictura meditabar, carmine

EPISTOLA.

scripta ut ætas juvenilis & Artis utriusque cognatio suaserat. Ea qualicumque edere amicis hortantibus decrevi. Nefas autem esse putavi quidquam hujusmodi publicè, nisi te probante ac fovente, proponere. Vale.

Addictissimus & devotissimus
tuus, C. A. D. F.

PREFACE.

PREFACE.

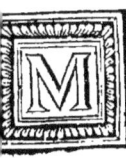ON CHER LECTEUR,

De tous les beaux Arts celuy qui a le plus d'Amateurs, est sans doute la Peinture; & le nombre en est presque aussi grand que celuy des hommes: On en voit mesme quantité qui se piquent de s'y connoistre, ou parce qu'ils ont frequenté les Peintres, ou parce qu'ils ont veu les bons Tableaux, ou enfin parce qu'ils ont le goust naturellement bon. Cependant cette connoissance (si tant est qu'ils en ayent) est si superficielle & si mal établie, qu'il leur est impossible de dire en quoy consiste la beauté des Ouvrages qu'ils admirent, ou le defaut de la pluspart de ceux qu'ils condamnent. Et certes il est aisé de voir que cela ne vient d'autre chose que de ce qu'ils n'ont point de Regles pour en juger, ny de Fondemens solides, qui sont autant de Lumieres qui éclairent l'entendement, & qui le conduisent dans une entiere & parfaite connoissance. Je ne pense pas qu'il soit necessaire de faire voir icy que la Peinture en doit avoir; il suffit que vous soyez persuadé qu'elle est un Art: car, comme vous sçavez, il n'y a point d'Art qui n'ait ses Preceptes. Je me contenteray seulement de vous dire que ce petit Traité vous en donne d'infaillibles, puis qu'ils sont fondez sur la raison & sur les plus beaux Ouvrages des meilleurs Peintres, que nostre Autheur a examinez l'espace de plus de trente années,

ã ij

PREFACE.

& fur lefquels il a fait toutes les reflexions neceffair[es] pour rendre fon Livre digne de la Pofterité. Et quo[y] qu'il foit fort petit, il contient neantmoins de grande[s] chofes, & ne laiffe rien échaper qui foit effentiel à l[a] matiere qu'il traite : Si vous voulez prendre la peine d[e] le lire avec un peu d'attention, vous trouverez fans dou[-]te, qu'il eft bien capable de donner la plus fine & la plu[s] delicate connoiffance à ceux qui aiment la Peintur[e] comme à ceux qui en font profeffion.

Il feroit trop long de vous faire voir en détail le[s] avantages qu'il a par deffus les autres qui ont paru de[-]vant luy; vous aurez auffi-toft fait de le lire, pour e[n] juger vous-mefme. Tout ce que je vous en puis dire c'eft qu'il n'y a pas un mot qui ne porte dans celuy-cy & que dans les autres il s'y rencontre deux deffaut[s] confiderables, C'eft qu'avec ce qu'ils en difent trop ils n'en difent pas encore affez. J'efpere enfin qu[e] vous avouërez qu'il eft utile prefque à tout le monde aux Amateurs, pour s'en inftruire à fond, & pour e[n] juger avec connoiffance de caufe ; & aux Peintres, pou[r] travailler fans inquietude & avec plaifir ; puis qu'ils fe[-]ront en quelque façon affurez de la bonté de leur Ou[-]vrage. Il en faut ufer comme d'une liqueur precieufe, [à] laquelle on prend d'autant plus de gouft que l'on e[n] boit peu : Lifez-le fouvent, lifez-en peu, mais goûtez[-]le bien, & ne paffez pas legerement les endroits qu[e] vous verrez marquez d'une *, fur lefquels il y a de[s] Remarques, qui vous en donneront plus d'intelligence[.] Vous les trouverez par le moyen des nombres qui font [à] cofté de la Verfion de cinq en cinq Vers, en cherchan[t] pareil nombre dans les Remarques qui font à la fin, & qui font diftinguées les unes des autres par cette marque ¶.

Vous trouverez dans les dernieres pages de ce Livre les Sentimens de l'Autheur fur les Peintres qui fe font acquis le plus de reputation, & parmi lefquels il n'a

PREFACE.

as voulu comprendre ceux qui eſtoient encore en vie. On vous les donne tels qu'on les a trouvez écrits de ſa main parmi ſes papiers.

Pour la Traduction que vous verrez à coſté des Vers Latins, voicy par quelle occaſion & de quelle maniere elle a eſté faite. La paſſion que j'ay pour la Peinture, & le plaiſir qu'elle me donne lors que je m'y exerce quelque-fois, me firent rechercher avec empreſſement l'amitié de feu Monſieur du Freſnoy, à cauſe des grandes Lumieres que j'ay toûjours oüi dire qu'il avoit de ce bel Art: Et noſtre connoiſſance vint à tel point, qu'il me confia ſon Poëme, qu'il croyoit que j'entendois aſſez bien, pour me prier de le mettre en noſtre Langue. Et en effet nous nous en eſtions entretenus ſi ſouvent, & il m'avoit fait entendre ſes penſées de telle ſorte, qu'il ne m'avoit pas permis de douter de la moindre choſe. J'entrepris donc de le traduire; & je m'y employay avec plaiſir & avec tout le ſoin qui me fut poſſible: en ſuite de quoy, je luy communiquay, & y changeay tout ce qu'il voulut, juſqu'à ce qu'il fuſt enfin à ſa phantaiſie, & tel qu'il vouloit luy faire voir le jour. Mais la mort l'ayant prevenu, j'ay crû que c'eſtoit faire tort à ſa memoire, que de priver plus long-temps le Public de cette Verſion, que l'on peut dire aſſurément eſtre dans le veritable ſens de l'Autheur & ſelon ſon gouſt; puiſque luy-meſme en a rendu de grands témoignages à quelques-uns de ſes Amis, & que ceux qui l'ont connu ſçavent tres-bien qu'il n'eſtoit pas d'humeur à me rendre cette complaiſance contre ſa penſée. J'ay crû que je devois dire cecy touchant la fidelité de ma Traduction pour ceux qui n'entendent pas le Latin: car pour les autres qui ont la connoiſſance de l'une & de l'autre Langue, ils en pourront juger facilement.

Les Remarques que j'ay miſes enſuite ſont encore entierement conformes aux Sentimens de l'Autheur; & je ſuis certain qu'il ne les auroit pas deſapprouvées. J'ay

ã iij

PREFACE.

tâché d'y expliquer les endroits les plus difficiles & les plus necessaires de la maniere à-peu-prés que je l'en ay oüi parler dans les conversations que j'ay eües avec luy. Je les ay faites les plus courtes & les moins ennuyeuses que j'ay pû; afin de les faire lire à tout le monde. Que si quelques-uns ne les trouvent pas à leur goust, comme il arrivera sans doute, je les leur abandonne, & je ne seray pas fâché qu'un autre fasse mieux: Je les supplie seulement de vouloir bien dans la Lecture qu'ils en feront, n'apporter aucun goust particulier, ny aucune prevention d'esprit: & que la bonne ou mauvaise opinion qu'ils en doivent prendre, vienne d'eux-mesmes sans qu'elle leur soit inspirée par autruy.

Fin de la Preface.

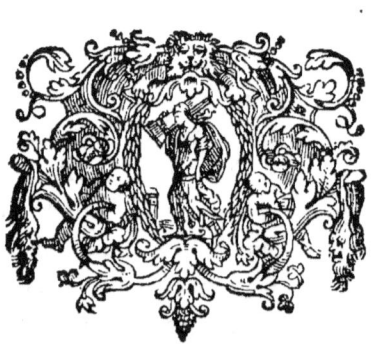

POUR SOULAGER LES AMATEURS de Peinture qui n'ont pas toute l'intelligence des Termes de cet Art, j'ay trouvé à propos d'expliquer ceux qui me font venus dans la memoire, & qui pouroient faire quelque peine dans la lecture de ce Livre.

FIGURE.

QUOIQUE ce mot soit fort general & qu'il signifie tout ce qui peut estre décrit par plusieurs lignes, neantmoins en Peinture il se prend ordinairement pour des Figures humaines.

ATTITUDE.

Vient du mot Italien, *Attitudine*, qui veut dire l'action & la posture où l'on met les Figures que l'on represente.

GROUPPE.

Est un amas de plusieurs corps assemblez en un peloton ; & l'on dit Grouppe de Figures, Grouppe d'animaux, Grouppe de fruits &c. Il y en peut aussi avoir de corps de diverse nature, & l'on dit telle & telle choses font grouppe avec telle & telle autres. Les Italiens disent, *Groppo*, qu'ils ont pris du mot Latin, *Globus*.

CONTOURS.

Les Contours sont les superficies des corps & les lignes qui les entourent.

CLAIR-OBSCUR.

Clair-obscur est la science de placer les jours & les ombres ; ce sont deux mots que l'on prononce comme un seul, & au lieu de dire le clair & l'obscur ; l'on dit le Clair-obscur, à l'imitation des Italiens qui disent

†

Chiaro-scuro. Et pour dire qu'un Peintre donne à ses Figures un grand relief & une grande force, qu'il débroüille & qu'il fait connoistre distinctement tous les objets du Tableau, pour avoir choisi sa lumiere avantageuse, & pour avoir sceu disposer les corps en sorte que recevant de grandes lumieres, ils soient suivis de grandes ombres, on dit, Cet homme-là entend fort-bien l'artifice du Clair-obscur.

SVELTE.

C'est à dire, agile & de taille dégagée. Nous l'avons de l'Italien, *Svelto*.

PRONONCER.

Prononcer se dit en Peinture des parties du corps, comme dans l'expression ordinaire il se dit des paroles. Le langage de la Peinture est le langage des muets; elle ne se fait entendre que lorsque certaines parties s'accordent ensemble, & sont disposées de maniere qu'elles expriment les sentimens du cœur de mesme que font les paroles quand elles sont jointes: & l'on dit, prononcer une main, un bras, une épaule, un genoüil, ou quelqu'autre partie, pour dire, la marquer, la specifier, la débroüiller, la donner à connoistre parfaitement; comme on dit prononcer une telle parole, pour dire la donner à entendre distinctement & sans bégayer.

MANIERE.

Nous appellons Maniere l'habitude que les Peintres ont prise, non seulement dans le maniement du pinceau, mais encore dans les trois principales parties de la Peinture, Invention, Dessein & Coloris : & selon que cette habitude aura esté contractée avec plus ou moins d'étude & de connoissance du beau Naturel & des belles choses qui se voyent de Peinture & de Sculpture, on l'appelle bonne ou mauvaise maniere. C'est par cette *Maniere* dont il est icy question que l'on reconnoist l'Ouvrage d'un Peintre dont on a déja veu quelque Tableau, de mesme que l'on reconnoist l'écriture & le stile d'un homme de qui on a déja receu quelque lettre. L'on dit mesme, connoistre les Manieres, pour dire connoistre de plusieurs Tableaux l'Ouvrage de chaque Peintre en particulier.

GOUST.

Goust en Peinture est une Idée qui suit l'inclination que les Peintres ont pour certaines choses : L'on dit, Voila un Ouvrage de grand Goust, pour dire, Que tout y est grand & noble; que les parties sont prononcées & desseignées librement; que les airs de testes n'ont rien de bas chacune dans son espece; que les plis des draperies sont amples, & que les jours & les ombres y sont largement étendus. Dans cette signification l'on confond souvent Goust avec Maniere; & l'on dit tout de mesme : Voila un Ouvrage de grande Maniere.

CHAMP DU TABLEAU.

Le Champ, le Fond & le Derriere du Tableau ne signifient qu'une mesme chose, sinon que l'on appelle plus ordinairement Fond, ce qui est derriere les objets en particulier, & l'on dit, une telle chose fait fond à telle autre; une draperie, par exemple, fait fond à un bras, une terrasse fait fond à une figure, une figure à une autre, un ciel à un arbre, ou à autre chose, & ainsi du reste.

COULEUR ROMPUE.

On appelle Couleur rompuë, celle qui est diminuée & corrompuë par le mélange d'une autre (excepté du blanc qui ne peut pas corrompre, mais qui peut estre corrompu) on peut dire par exemple qu'un tel azur d'outremer est rompu de laque & d'occre jaune quand il y entre un peu de ces deux dernieres couleurs : & ainsi des autres. Les couleurs rompuës servent à l'union & à l'accord des couleurs, soit dans les tournans des corps & dans leurs ombres, soit dans toute leur masse. Titien, Paul Veronese & tous les Lombards ont bien mis ces sortes de couleurs en pratique.

ESQUISSE.

Esquisse est un premier crayon ou une legere ébauche d'un Ouvrage que l'on medite. Les Italiens disent, *Schizzo*.

ELEVE.

Pour dire disciple. Nous l'avons du mot Italien, *Allievo*, qui veut dire la mesme chose.

Fautes à corriger.

		Fautes.	Corrections.
Pag. 31.	Lign. 5.	soient,	sont.
Pag. 41.	lig. 8.	Calore,	Colore.
pag. 91.	lig. 5.	Torrebat,	Torrebat
pag. 95.	lig. 11.	lequel,	laquelle.
Idem.	lig. 28.	*& luy convient*,	*& qui luy convient*.
pag. 97.	lig. 21.	une Grouppe,	un Grouppe.
pag. 111.	lig. 34.	beuuvoit,	beuvoit.
pag. 127.	lig. 19.	de Theoréme,	du Theoréme.

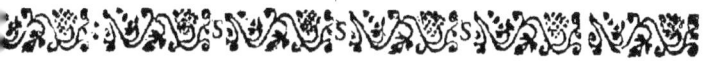

TABLE DES PRECEPTES

Contenus en ce Traité.

I. Dv Beau. De la Theorie & de la Pratique.
II. Du Sujet.
V. Disposition, ou Oeconomie de tout l'Ouvrage.
. Fidelité du Sujet.
I. Qu'il faut rejetter ce qui affadit le Sujet.
II. Attitude.
III. Varieté dans les Figures.
X. Que les Membres & les Draperies de chaque Figure luy soient convenables.
. Qu'il faut imiter les muets dans leurs Actions.
I. La Principale Figure du Sujet.
II. Grouppes de Figures.
III. Diversité d'Attitudes dans les Grouppes.
IV. Equilibre du Tableau.
V. Du nombre des Figures.
VI. Des Jointures & des Pieds.
VII. Qu'il faut joindre le mouvement des Mains à ce luy de la Teste.
XVIII. Ce qu'il faut éviter dans la distribution des Figures.
XIX. Qu'il ne faut pas trop s'arrester à la Nature, mais l'accommoder à son Genie.
XX. L'Antique regle la Nature.
XXI. Comme il faut traiter une Figure seule.
XXII. Les Draperies.
XXIII. Ce qui contribuë beaucoup à l'ornement du Tableau.
XXIV. Des Pierres precieuses & des Perles pour ornement.
XXV. Modele.
XXVI. La Scene du Tableau.
XXVII. Les Graces & la Noblesse.
XXVIII. Que chaque chose soit en sa place.
XXIX. Des Passions.
XXX. Qu'il faut fuïr les ornemens Gottiques.
XXXI. Conduite des Tons, des Lumieres, & des Ombres
XXXII. Corps opaques sur des Champs lumineux.
XXXIII. Qu'il ne faut pas deux Jours egaux dans le Tableau.
XXXIV. Le Blanc & le Noir.

TABLE.

XXXV. Reflexion des Couleurs.
XXXVI. L'Union.
XXXVII. L'Air interposé.
XXXVIII. Relation des Distances.
XXXIX. Les Corps éloignez.
XL. Des Corps contigus & de ceux qui sont separez.
XLI. Qu'il faut éviter les extremitez contraires.
XLII Diversité des Tons & des Couleurs.
XLIII. Le Choix de Lumiere.
XLIV. Certaines choses qui regardent la Pratique.
XLV. Le Champ du Tableau
XLVI. Vivacité des Couleurs.
XLVII. L'Ombre.
LXVIII. Que le Tableau soit tout d'une paste.
XLIX. Le Miroir est le Maistre des Peintres.
L. La demie Figure, ou toute entiere devant d'autres.
LI. Le Portrait.
LII. La Place du Tableau.
LIII. Les Lumieres larges.
LIV. Combien il faut de Lumiere pour la Place du Tableau.
LV. Les choses vicieuses & Peinture qu'il faut éviter.
LVI. Prudence du Peintre.
LVII. Idée d'un beau Tableau.
LVIII. Pour le Jeune Peintre
LIX. L'Art sujet au Peintre
LX. La Diversité & la Facilité plaisent.
LXI. L'Original dans l Teste & la Copie sur l Toile.
LXII. Le Compas dans le Yeux.
LXIII. La Superbe nuit extremement au Peintre.
LXIV. Il faut se connoistre.
LXV. Pratiquer sans relasch & facilement ce qu'on a conceu.
LXVI. Le Matin est propre au Travail.
LXVII. Faire tous les jours quelque chose.
LXVIII. Les Passions vrayes & naturelles.
LXIX. Les Tablettes.
LXX. L'ordre que doit tenir le Peintre dans ses études.
LXXI. La Nature & l'Experience perfectionnent l'Art.

Fin de la Table.

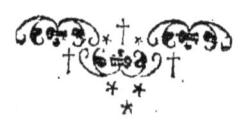

L'ART

DE L'ART
DE
PEINTVRE.

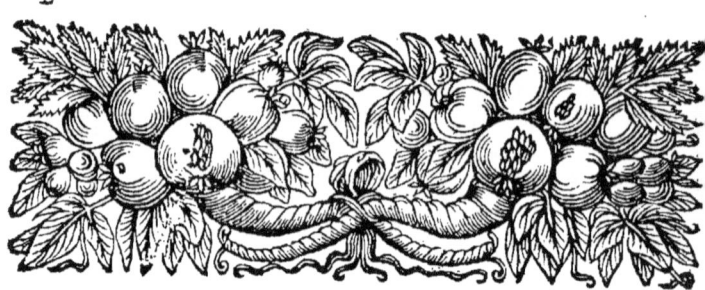

DE ARTE GRAPHICA LIBER.

T Pictura Poësis erit; similisque Poësi
Sit Pictura, refert par æmula quæque
  sororem,
Alternantque vices & nomina; muta Poësis
Dicitur hæc, Pictura loquens solet illa vocari.
Quod fuit auditu gratum cecinêre Poëtæ,
Quod pulchrum aspectu Pictores pingere curant;
Quæque Poëtarum numeris indigna fuêre,
Non eadem Pictorũ operam studiumq; merentur:
Ambæ quippe sacros ad Relligionis honores
Sydereos superant ignes, Aulamque Tonantis
Ingressæ, Divûm aspectu, alloquioque fruuntur,

DE L'ART
DE
PEINTVRE.

*Les endroits que vous verrez icy marquez d'une * sont plus amplement expliquez dans les remarques.*

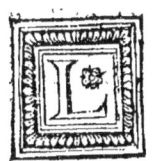

LA Peinture & la Poësie sont deux Sœurs qui se ressemblent si fort en toutes choses, qu'elles se prestent alternativement l'une à l'autre leur office & leur nom : On appelle la première une Poësie muëtte, & l'autre une Peinture parlante. Les Poëtes n'ont jamais rien dit que ce qu'ils ont crû qui pouvoit flater les oreilles, & les Peintres ont toûjours cherché ce qui pouvoit donner du plaisir aux yeux : Enfin ce qui a esté indigne de la plume des uns, l'a esté pareillement du pinceau des autres. * Car pour contribuer toutes deux aux sacrez honneurs de la Religion, elles s'élevent jusques dans les Cieux ; & ayant les entrées libres dans le Palais de Iupiter, elles joüissent de la veuë & de la conversation des Dieux, dont elles observent la

A ij

majesté, & considerent la merveille de leurs discours, pour en faire part aux hommes, ausquels elles inspirent en mesme temps ce feu celeste que l'on voit dans leurs Ouvrages. De là elles courent par tout l'Univers, & n'épargent ny soins ny études pour recüeillir ce qu'elles trouvent digne d'elles ; elles foüillent, pour ainsi dire, tous les siecles passez, & cherchent dans leurs histoires des Sujets qui leur soient propres; & prennent bien garde d'en traiter d'autres que ceux, qui par leur noblesse, ou par quelque accident remarquable, meritent d'estre consacrez à l'Eternité, soit sur la mer, soit sur la terre, ou dans les Cieux. Et c'est par ce moyen que la gloire des Heros ne s'est pas éteinte avec leur vie, & que ces merveilleux Ouvrages, ces Prodiges de l'Art, que nous admirons encore tous les jours, se sont heureusement conservez (*Tant ces Arts divins ont esté honorez, & tant ils ont eu de puissance.)

Il n'est pas necessaire d'implorer icy le secours d'Apollon, ny celuy des Muses, pour la grace du discours, ny pour la cadence des vers, lesquels n'estant que preceptes, n'ont pas tant besoin d'ornement, que de netteté.

Ie ne pretens pas avec ce traité lier les mains des Ouvriers, dont la science ne consiste que dans une certaine pratique qu'ils ont affectée & dont ils se sont faits comme une routine : Ie ne veux pas non plus étoufer le Genie par un amas de Regles, ny éteindre le feu d'une veine qui est vive & abondante : mais plûtost faire en sorte que l'Art fortifié par la connoissance des choses, passe en nature peu à peu & comme par degrez, & qu'en suite il devienne un pur Genie,

De Arte Graphica.

Oraq; magna Deûm, & dicta observata reportant,
Cœlestemque suorum operum mortalibus ignem.
Inde per hunc orbem studiis coëuntibus errant,
Carpentes quæ digna sui, revolutaque lustrant
Tempora, quærendis consortibus Argumentis.
Denique quæcumque in cœlo, terraque, marique
Longius in tempus durare, ut pulchra, merentur,
Nobilitate sua claroque insignia casu,
Dives & ampla manet Pictores atque Poëtas
Materies, inde alta sonant per sæcula mundo
Nomina, magnanimis Heroïbus inde superstes
Gloria, perpetuòque operum miracula restant,
Tantus inest divis honor Artibus atque potestas.
Non mihi Pieridū chorus hîc nec Apollo vocād°,
Majus ut eloquium numeris aut gratia fandi
Dogmaticis illustret opus rationibus horrens :
Cum nitida tantùm & facili digesta loquela,
Ornari præcepta negent, contenta doceri.
Nec mihi mens animusve fuit constringere nodos
Artificum manibus, quos tantùm dirigit usus,
Indolis ut vigor inde potens obstrictus hebescat,
Normarum numero immani Geniumq; moretur:
Sed rerum ut pollens Ars cognitione gradatim

A iij

Naturæ se se insinuet, Verique capacem
Transeat in Genium, Geniusq; usu induat Artem.

Primum Præ-
ceptum.
De Pulchro.

Præcipua imprimis Artisque potissima pars est,
Nosse quid in rebus Natura crearit ad Artem,
Pulchrius, idq; Modũ juxta, Mentemq; Vetustã,
Qua sine barbaries cæca & temeraria Pulchrum
Negligit, insultans ignotæ audacior Arti,
Vt curare nequit, quæ non modo noverit esse,
Illud apud Veteres fuit unde notabile dictum;
(Nil Pictore malo securius atque Poëta.)

Cognita amas, & amata cupis, sequerisq; cupita,
Passibus assequeris tandem quæ fervidus urges:
Illa tamen quæ pulchra decent; non omnia casus
Qualiacumque dabunt, etiamve simillima veris:
Nam quãcumq; modo servili haud sufficit ipsam
Naturam exprimere ad vivum, sed ut Arbiter
   Artis
Seliget ex illa tantùm pulcherrima Pictor.
Quodque minus pulchrum, aut mendosum cor-
   riget ipse
Marte suo, formæ veneres captando fugaces.

capable de bien choisir le Vray, & de sçavoir faire le discernement du beau Naturel d'avec le bas & le mesquin, & que le Genie par l'exercice & par l'habitude s'acquiere parfaitement toutes les regles & tous les secrets de l'Art.

* La principale & la plus importante partie de la Peinture, est de sçavoir connoistre ce que la Nature a fait de plus beau & de plus convenable à cet Art;* & que le choix s'en fasse selon le Goust & la Maniere des Anciens,* sans laquelle tout n'est qu'une barbarie aveugle & temeraire, qui neglige ce qui est de plus beau, & semble avec une audace effrontée insulter à un Art qu'elle ne connoist point ; ce qui a donné lieu à ces paroles des Anciens, *Qu'il n'y a personne qui ait plus de hardiesse & de temerité, qu'un méchant Peintre & un méchant Poëte, qui ne connoissent pas leur ignorance.*

* Nous aimons ce que nous connoissons, nous desirons ce que nous aimons, nous poursuivons les choses que nous avons desirées, & nous arrivons enfin au but où nous courons avec constance. Cependant vous ne devez pas vous attendre que la fortune & le hazard vous donnent infailliblement les belles choses ; quoy que celles que nous voyons soient vrayes & naturelles, elles ne sont pas toûjours pour la bienseance & pour l'ornement : car ce n'est pas assez d'imiter de point en point d'une maniere basse toute sorte de Nature; mais il faut que le Peintre en prenne ce qui est de plus beau, * comme l'Arbitre souverain de son Art, & que par le progrez qu'il y aura fait, il en sçache reparer les defauts, & n'en laisse point échaper les beautez * fuyantes & passageres.

I. Precepte. Du Beau.

II. Precepte.
De la Theorie & de la Pratique.

* De mesme que la seule Pratique destituée des lumieres de l'Art, est toûjours preste de tomber dans le precipice comme une aveugle, sans pouvoir rien produire qui contribuë à une solide reputation ; ainsi la Theorie sans l'aide de la main, ne peut jamais atteindre à la perfection qu'elle s'est proposée : mais elle languit dans sa paresse comme dans sa prison, & ce n'est pas avec la langue qu'Apelle a produit de si beaux Ouvrages. Quoy qu'il y ait donc plusieurs choses dans la Peinture, dont on ne puisse pas donner de regles si precises (* veu que les plus belles choses ne se peuvent souvent exprimer faute de termes) je ne laisseray pourtant pas d'en donner quelques-unes que j'ay choisies parmi les plus belles que nous avons receuës de la Nature cette sçavante maistresse, apres l'avoir examinée à fond, aussi-bien que ces chefs-d'œuvres de l'Antiquité * les premiers Exemplaires de l'Art : Et c'est par ce moyen que l'esprit & la disposition naturelle se cultivent, & que la science perfectionne le Genie, & modere * cette fureur de veine qui ne se retient dans aucunes bornes, & qui porte bien souvent dans des extremitez fâcheuses : car il y a un milieu dans les choses & de certaines mesures, où demeure le bien sans qu'il en sorte jamais.

III. Precepte.
Du Sujet.

Cela posé, il faudra choisir * un Sujet beau, & noble, qui estant de soy-mesme capable de toutes les graces & de tous les charmes que peuvent recevoir les Couleurs & l'élegance du Dessein, donne en suite à l'Art parfait & consommé un beau champ & une matiere ample de montrer tout ce qu'il peut, & de faire voir quelque chose de fin & de judicieux, * qui soit plein

De Arte Graphica.

Vtque manus grandi nil nomine practica dignū
Assequitur, purum arcanæ quam deficit Artis
Lumen, & in præceps abitura ut cæca vagatur;
Sic nihil Ars operâ manuum privata supremum
Exequitur, sed languet iners uti vincta lacertos;
Dispositumque typum non linguâ pinxit Apelles·
Ergo licet tota normam haud possimus in Arte
Ponere, (cùm nequeant quæ sunt pulcherrima dici)
Nitimur hæc paucis, scrutati summa magistræ
Dogmata Naturæ, Artisque Exemplaria prima
Altiùs intuiti; sic mens habilisque facultas
Indolis excolitur, Geniumque scientia complet,
Luxurians̄q; in monstra furor compescitur Arte:
Est modus in rebus, sunt certi denique fines,
Quos ultra citraque nequit consistere rectum.

II. Præceptum.
De Speculatione & Praxi.

His positis, erit optandum Thema nobile, pulchrum,
Quodq; venustatum circa Formam atq; Colorem
Sponte capax amplam emerita mox præbeat Arti

III. Præceptū.
De Argumento

Materiam, retegens aliquid salis & documenti.

Tandem opus aggredior, primòque occurrit
in Albo

Disponenda typi concepta potente Minervâ

INVENTIO
prima Picturæ
pars.

Machina, quæ nostris Invention dicitur oris.

Illa quidem priùs ingenuis instructa Sororum

Artibus Aonidum, & Phœbi sublimior æstu.

IV.
Dispositio, sive
operis totius
œconomia.

Quærendasque inter Posituras, luminis, umbræ,

Atque futurorum jam præsentire colorum

Par erit harmoniam, captando ab utrisq; Venustū.

V.
Fidelitas Argumenti.

Sit Thematis genuina ac viva expressio juxta

Textum Antiquorū, propriis cum tempore formis.

VI.
Inane rejiciendum.

Nec quod inane, nihil facit ad rem, sive videtur

Improprium, minimèque urgens, potiora tenebit

Ornamenta operis; Tragicæ sed lege sororis

Sūma ubi res agitur, vis summa requiritur Artis.

Ista labore gravi, studio, monitisque Magistri

Ardua pars nequit addisci rarissima: namque

Ni priùs æthereo rapuit quod ab axe Prometheus

Sit jubar infusum menti cum flamine vitæ,

Mortali haud cuivis divina hæc munera dātur,

Non uti Dædaleam licet omnibus ire Corinthum.

Ægupto informis quondam Pictura reperta,

De l'Art de Peinture. 11

de sel, & qui soit propre à instruire & à éclairer les esprits.

Enfin j'entre en matiere, & je trouve d'abord une toile nüe : * où il faut disposer toute la Machine (pour ainsi dire) de vostre Tableau, & la pensée d'un Genie facile & puissant, * qui est justement ce que nous appellons INVENTION.

INVENTION premiere partie de la Peinture.

* C'est une Muse, qui estant pourveüe des autres avantages de ses Sœurs, & échauffée du feu d'Apollon, en est plus élevée, & en brille d'un plus beau feu.

* Il est fort à propos, en cherchant les Attitudes, de prevoir l'effet & l'harmonie des Lumieres & des Ombres avec les Couleurs qui doivent entrer dans le Tout, prenant des unes & des autres ce qui doit contribuer davantage à produire un bel effet.

IV. Disposition ou œconomie de tout l'ouvrage.

* Que vos compositions soient conformes au texte des anciens Autheurs, aux coûtumes & aux temps.

V. Fidelité du Sujet.

* Donnez-vous de garde que ce qui ne fait rien au Sujet & qui n'y est que peu convenable, entre dans vostre Tableau, & en occupe la principale place : Mais imitez en cecy la Tragedie, Sœur de la Peinture, qui déploye toutes les forces de son Art où le fort de l'action se passe.

VI. Qu'il faut rejetter ce qui affadit le Sujet.

* Cette Partie si rare & si difficile ne s'acquiert point, ny par le travail, ny par les veilles, ny par les conseils & les preceptes des Maistres : car il n'y a que ceux, qui ont receu en naissant quelque partie de ce Feu celeste * que déroba Promethée, qui soient capables de recevoir ces divins presens ; comme * il n'est pas permis à tout le monde d'aller à Corinthe.

Ce fut chez les Egyptiens que la Peinture

parut la premiere fois, toute difforme à la verité;
mais ayant passé aux Grecs, qui par leurs soins
& la force de leur esprit la cultiverent, * elle arriva à tel point de perfection. qu'il semble qu'elle ait surpassé la Nature mesme.

 Entre les Academies que ces Grands Hommes
& ces Rares Genies composoient, on en compte
quatre principales, Athenes, Sycion, Rhode,
& Corinthe, qui ne different entr'elles que
tres-peu, & seulement par la Maniere du travail, comme on peut voir par les Statues Antiques, qui sont la Regle de la Beauté, & ausquel-
les les Siecles qui les ont suivis n'ont rien produit de semblable, * quoy qu'on ne s'en soit pas
si fort éloigné, tant pour la science que pour la
façon d'executer. * C'est donc dans leur Goust

DESSEIN, seconde partie de la Peinture.

qu'on choisira une ATTITUDE, * dont les
membres soient Grands, * Amples, * Inégaux
dans leur position, en sorte que ceux de devant
contrastent les autres qui vont en arriere, &
soient tous également balancez sur leur centre.

 * Les Parties doivent avoir leurs Contours en
ondes, & ressembler en cela à la flâme ou au
serpent lors qu'il glisse & qu'il rampe sur la terre. Ils seront coulans, grands, & presque imperceptibles au toucher, comme s'il n'y avoit
ny eminences ny cavitez. Qu'ils soient conduits
de loin sans interruption, pour en eviter le
grand nombre. Que les Muscles soient bien in-
serez & liez, selon la connoissance qu'en donne
l'Anatomie. Qu'ils soient * desseignez à la
Grecque, & qu'ils ne paroissent que peu, comme nous le montrent les Figures Antiques. Qu'il
y ait enfin un entier * accord des Parties avec
leur Tout, & qu'elles soient parfaitement bien
ensemble.

Græcorum studiis & mentis acumine crevit,
Egregiis tandem illustrata & adulta Magistris
Naturam visa est miro superare labore.

Quos inter Graphidos gymnasia prima fuêre,
Portus Athenarum, Sycion, Rhodos, atque
  Corinthus,
Disparia inter se, modicùm ratione Laboris;
Ut patet ex Veterum statuis, formæ atque decoris
Archetypis, queis posterior nil protulit ætas
Condignum, & non inferius longe Arte, Modoq;
Horum igitur vera ad normam Positura legetur,   VII.
Grandia, Inæqualis, formosaq; Partibus Amplis   Graphis seu
Anteriora dabit membra, in contraria motu   Positura,
Diverso variata, suo librataque centro: Secunda Picturæ pars.
Membrorumque Sinus ignis flammantis ad instar
Serpenti undantes flexu, sed lævia plana
Magnaq; signa, quasi sine tubere subdita tactu
Ex longo deducta fluant, non secta minutim,
Insertisque Toris sint nota ligamina juxta
Compagem Anathomes, & membrificatio Græco
Deformata Modo, paucisque expressa lacertis,
Qualis apud Veteres; totoque Eurithmia partes

Componat, genitumque suo generante sequenti
Sit minus, & puncto videantur cuncta sub uno;
Regula certa licet nequeant Prospectica dici,
Aut complementum Graphidos; sed in Arte juvamen
Et Modus accelerans operandi: ut corpora falso
Sub visu in multis referens mendosa labascit:
Nam Geometralem nunquam sunt corpora juxta
Mensuram depicta oculis, sed qualia visa.

VIII.
Varietas in Figuris.

Non eadem formæ species, non omnibus ætas
Æqualis, similisque color, crinesque Figuris:
Nam variis velut orta plagis Gens dispare vultu.

IX.
Figura sit una cum Membris & Vestibus.

Singula membra suo capiti conformia fiant
Vnum idemque simul corpus cum vestibus ipsis:

X.
Mutoru̅ actiones imitandæ.

Mutorumque silens Positura imitabitur actus.

XI.
Figura Princeps.

Prima Figurarum, seu Princeps Dramatis ultro
Prosiliat media in Tabula sub lumine primo
Pulchrior ante alias, reliquis nec operta Figuris.

XII.
Figuraru̅ Globi seu Cumuli.

Agglomerata simul sint membra, ipsæque Figuræ
Stipentur, circumque globos locus usque vacabit;
Ne male dispersis dum visus ubique Figuris
Dividitur, cunctisque operis fervente tumultu
Partibus implicitis crepitans confusio surgat.

De l'Art de Peinture.

Que la Partie qui en produit une autre, soit plus puissante que celle qu'elle produit, & qu'on voye le Tout d'un mesme point de veüe: * quoy que la Perspective ne puisse pas estre appellée une Regle certaine ou un achevement de la Peinture ; mais un grand secours dans l'Art, & un moyen facile pour agir, tombant assez souvent dans l'erreur, & nous faisant voir des choses sous un faux aspect : car les corps ne sont pas toûjours representez selon le plan Geometral, mais tels qu'ils sont veus.

La forme des visages, l'âge, ny la couleur ne doivent pas se ressembler dans toutes les Figures, non plus que les cheveux : parce que les hommes sont aussi differens que les regions sont differentes.

VIII.
Varieté dans les Figures.

* Que chaque Membre soit fait pour sa Teste & s'accorde avec elle, & que tous ensemble ne composent qu'un Corps avec les Draperies qui luy sont propres & convenables ; Et sur tout, * que les Figures à qui on n'a pû donner la voix, imitent les muets dans leurs actions.

IX.
Que les Membres & les Draperies de chaque Figure luy soient convenables.
X.
Qu'il faut imiter les muets dans leurs actions.

* Que la Principale Figure du Sujet paroisse au milieu du Tableau sous la principale lumiere ; qu'elle aye quelque chose qui la fasse remarquer pardessus les autres, & que les figures qui l'accompagnent, ne la dérobent point à la veüe.

XI.
La Principale Figure du Sujet.

* Que les Membres soient agrouppez de mesme que les Figures, c'est à dire, accouplez & ramassez ensemble, & que les Grouppes soient separez d'un vuide, pour eviter un papillotage confus, qui venant des parties dispersées mal à propos, fourmillantes & embarassées les unes dans les autres, divise la veüe en plusieurs rayons, & luy cause une confusion desagreable.

XII.
Grouppes de Figures.

XIII.
Diverſité d'Attitudes dans les grouppes.

* Il ne faut pas que dans les Grouppes les Figures ſe reſſemblent dans leurs mouvemens, non plus que dans leurs Membres, ny qu'elles ſe portent toutes de meſme coſté ; mais qu'elles ſe contraſtent, en ſe portant d'un coſté tout contraire à celles qui les traverſeront.

Que parmy pluſieurs Figures qui montrent le devant, il y en ait quelqu'une qui ſe faſſe voir par derriere, oppoſant les Epaules à l'Eſtomac & le Coſté droit au gauche.

XIV.
Equilibre du tableau.

* Que l'un des coſtez du Tableau ne demeure pas vuide, pendant que l'autre eſt rempli juſqu'en haut ; mais que l'on diſpoſe ſi bien les choſes, que ſi d'un coſté le Tableau eſt rempli, l'on prenne occaſion de remplir l'autre ; en ſorte qu'ils paroiſſent en quelque façon égaux, ſoit qu'il y ait beaucoup de Figures, ou qu'elles y ſoient en petit nombre.

XV.
Du nombre des figures.

* De meſme que la Comedie eſt rarement bonne dans laquelle le nombre des Acteurs eſt trop grand, ainſi eſt-il bien rare & quaſi comme impoſſible de faire un Tableau parfait, dans lequel ſe trouve une ſi grande quantité de Figures: Et nous ne devons pas nous étonner de voir que ſi peu de Peintres ayent reüſſi, lors qu'ils en ont introduit un grād nombre dans leurs Ouvrages, puis qu'à peine en peut-on trouver qui ayent eu un heureux ſuccés en ceux, où ils n'en ont fait paroiſtre que bien peu: parce que tant de choſes diſperſées apportent une confuſion, & oſtent une majeſté grave & un ſilence doux, qui font la beauté du Tableau & la ſatisfaction des yeux ; mais ſi vous y eſtes contraint par le Sujet, il faudra concevoir le Tout enſemble & l'effet de

Inque

De Arte Graphica. 17

Inque figurarum cumulis non omnibus idem
Corporis inflexus, motusque, vel artubus omnes
Conversis pariter non connitantur eòdem,
Sed quædam in diversa trahāt contraria membra
140 *Transvérseque aliis pugnent,& cætera frangant.*
 Pluribus adversis aversam oppone figuram,
Pectoribusq; Humeros, & dextera mēbra sinistris,
Seu multis constabit Opus, paucisque figuris.
145 *Altera pars Tabulæ vacuo ne frigida Campo*
Aut deserta fiet, dum pluribus altera formis
Fervida mole sua supremam exurgit ad oram:
Sed tibi sic positis respondeat utraque rebus,
Vt si aliquid sursum se parte attollat in una,
150 *Sic aliquid parte ex alia consurgat, & ambas*
Æquiparet, geminas cumulando æqualiter oras.
 Pluribus implicitum Personis Drama supremo
In genere ut rarum est; multis ita densa Figuris
Rarior est Tabula excellens; vel adhuc feré nulla
155 *Præstitit in multis quod vix bene præstat in una:*
Quippe solet rerum nimio dispersa tumultu
Majestate carere gravi requieque decora;
Nec speciosa nitet vacuo nisi libera Campo.
Sed si Opere in magno plures Thema grande re-
 quirat

XIII.
Positurarum diversitas in cumulis.

XIV.
Tabulæ Libramentum.

XV.
Numerus Figurarum.

B

Esse figurarum Cumulos, spectabitur unà
Machina tota rei, non singula quæque seorsim. 160

XVI.
Internodia
& Pedes exhi-
bendi.

Præcipua extremis raro Internodia membris
Abdita sint; sed summa Pedum vestigia nunquã.

XVII.
Motus manuū
motui capitis
jungendus.

Gratia nulla manet, motusque, vigorque Figuras
Retro aliis subter majori ex parte latentes,
Ni Capitis motum Manibus comitentur agendo. 165

XVIII.
Quæ fugienda
in Distributio-
ne & Composi-
tione.

Difficiles fugito aspectus, contractaque visu
Membra sub ingrato, motusque, actusq; coactos,
Quodq; refert signis, rectos quodammodo tractus,
Sive Parallelos plures simul, & vel acutas,
Vel Geometrales (ut Quadra, Triãgula,) formas: 170
Ingratamque pari Signorum ex ordine quandam
Symmetriam: sed præcipua in contraria semper
Signa volunt duci transversa, ut diximus antè.
Summa igitur ratio Signorum habeatur in omni
Composito; dat enim reliquis pretium, atque 175
vigorem.

XIX.
Natura Genio
accommodan-
da.

Non ita Naturæ astanti sis cuique revinctus,
Hanc præter nihil ut Genio studioque relinquas;
Nec sine teste rei Natura, Artisque Magistra
Quidlibet ingenio memor ut tantummodo rerum
Pingere posse putes; errorum est plurima sylva, 180
Multiplicesque viæ, bene agendi terminus unus.

De l'Art de Peinture. 19

l'Ouvrage comme tout d'une veüe, & non pas chaque chose separement & en particulier.

* Que les extremitez des jointures soient rarement cachées : & les Pieds jamais.

XVI. Des jointures & des pieds.

* Les figures qui sont derriere les autres n'ont ny grace, ny vigueur, si le mouvement des Mains n'accompagne celuy de la Teste.

XVII. Qu'il faut joindre le mouvemet des mains à celuy de la teste.

Fuyez les veües difficiles à trouver & qui sont peu naturelles, les mouvemens & les actions forcées, avec toutes Parties desagreables à voir, comme sont les Racourcis.

XVIII. Ce qu'il faut éviter dans la distribution des Figures.

* Fuyez encore les lignes & les contours égaux, qui font des paralleles, & d'autres figures aiguës & Geometrales, comme des quarrez, des triangles,, & toutes celles qui pour estre trop comptées, vous font une certaine symmetrie ingrate, qui ne produit aucun bon effet; mais, comme nous avons déja dit, les principales lignes se doivent contraster l'une l'autre : C'est pourquoy dans ces contours vous aurez principalement égard au Tout-ensemble ; car c'est de luy que vient la beauté & la force des Parties.

* Ne soyez pas si fort attaché à la Nature, que vous ne donniez rien à vos estudes ny à vostre Genie : mais aussi ne croyez pas que vostre Genie & la seule memoire des choses que vous avez veües vous fournissent assez pour faire un beau tableau, sans l'aide de cette incomparable maistresse la Nature, * que vous devez toûjours avoir presente comme un témoin de la verité. On peut commettre une infinité de fautes de toutes façons; elles se trouvent par tout aussi frequentes & aussi épaisses que les arbres dans une forest ; & parmy quantité de chemins qui égarent, il ne s'en trouve qu'un bon & qui puisse

XIX. Qu'il ne faut pas trop s'attacher à la Nature, mais l'accommoder à son Genie.

B ij

conduire heureusement au but que l'on se propose, de mesme que parmi plusieurs lignes courbes il ne s'en trouve qu'une droite.

XX.
L'Antique regle la Nature.

Ce qu'il y a icy à faire, est d'imiter le beau Naturel, comme ont fait les Anciens, tel que l'objet & la Nature de la chose le demandent: Et c'est pour cela que vous serez soigneux de rechercher les Medailles antiques, les Statuës, les Vases, les Bas-reliefs, * & tout ce qui fait connoistre les Pensées & les Inventions des Grecs; parce qu'elles nous donnent de grandes idées, & nous font produire de belles choses. Et en verité, apres les avoir bien examinées, vous y trouverez tant de charmes, que vous aurez compassion de la destinée de nostre siecle, sans esperance aucune que l'on puisse jamais arriver à ce point.

XXI.
Comme il faut traiter une Figure seule.

* Si vous n'avez qu'une Figure à traiter, il faut qu'elle soit parfaitement belle & diversifiée de plusieurs couleurs.

XXII.
Les Draperies.

* Que les Draperies soient jettées noblement, que les plis en soient amples, * & qu'ils suivent l'ordre des Parties, les faisant voir dessous par le moyen des Lumieres & des Ombres; nonobstant que ces Parties soient souvent traversées par le coulant des Plis qui flotent à l'entour, * sans y estre trop adherans & collez; mais qu'ils les marquent en les flatant par la discretion des ombres & des clairs. * Et si ces parties se trouvent trop écartées l'une de l'autre, en sorte qu'il y ait des vuides dans lesquels se trouvassent des bruns, il faudra prendre occasion de placer dans le vuide quelque pli pour les accoupler. * Et comme la beauté des membres ne consiste pas dans la quantité des muscles, qu'au

De Arte Graphica.

Linea recta velut sola est, & mille recurva:
Sed juxta Antiquos Naturā imitabere pulchrā,
185 Qualem forma rei propria, objectumque requirit.
Non te igitur lateant antiqua Numismata, Gemmæ,
Vasa, Typi, Statuæ, cælataque Marmora Signis:
Quodq; refert specie Veterū post sæcula Mentem;
Splendidior quippe ex illis assurgit imago,
190 Magnaque se rerum facies aperit meditanti;
Tunc nostri tenuem sæcli miserebere sortem,
Cùm spes nulla fiet rediturae æqualis in ævum.

XX.
Signa Antiqua Naturæ modū constituunt.

Exquisita siet formâ dum sola Figura
Pingitur, & multis variata Coloribus esto.
195 Lati amplique sinus Pannorum, & nobilis ordo
Membra sequens, subter latitantia Lumine & Vmbra
Exprimet, ille licet transversus sæpe feratur,
Et circumfusos Pannorum porrigat extra
Membra sinus, non contiguos, ipsisque Figuræ
200 Partibus impressos, quasi Pannus adhæreat illis;
Sed modicè expressos cum Lumine servet & Vmbris:
Quæque intermissis passim sunt dissita vanis
Copulet, inductis subtervè, supervè lacernis.

XXI.
Sola Figura quomodo tractanda.

XXII.
Quid in Pannis observandum.

B iij

Et membra ut magnis paucisque expressa lacertis,
Majestate aliis præstant forma atque decore; 205
Haud secus in Pannis quos supra optavimus amplos
Perpaucos sinuum flexus, rugasque, striasque,
Membra super versu faciles inducere præstat.
Naturæque rei proprius sit Pannus, abundans
Patriciis; succinctus erit crassusque Bubulcis 210
Mancipiisque; levis, teneris, gracilisque Puellis.
Inq; cavis maculisq; umbrarū aliquādo tumescet
Lumen ut excipiens, operis quà Massa requirit
Latius extendat, sublatisque aggreget umbris.

XXIII. Quid multum conferat ad Tabulæ ornamentum.

Nobilia Arma juvāt virtutū, ornātq; Figuras, 215
Qualia Musarum, Belli, Cultusque Deorum:

XXIV. Ornamentum Auri & Gemmarum.

Nec sit opus nimiùm Gemmis Auroque refertum
Rara etenim magno in pretio, sed plurima vili.

XXV. Prototypus.

Quæ deinde ex Vero nequeunt præsente videri,
Prototypum prius illorum formare juvabit. 220

XXVI. Convenientia rerum cum Scena.
XXVII. Carices & Nobilitas.

Conveniat locus atque habitus, ritusq; decusq;
Servetur; sit Nobilitas, Charitumque Venustas,

contraire ceux qui en font moins paroiftre, ont plus de majefté que les autres ; ainfi la beauté des Draperies ne confifte pas dans la quantité des plis, mais dans un ordre fimple & naturel. Il y faut encore obferver la qualité des perfonnes,* comme des Magiftrats, à qui vous donnerez des Draperies fort amples ; aux Païfans & aux Efclaves, de groffes & de retrouffées ; * & aux Filles, de tendres & de legeres. Il fera bon quelquefois de tirer des endroits creux quelque pli, & de le faire enfler ; afin que recevant du jour, il contribuë à étendre le clair aux endroits où la Maffe le demande, & vous ofte par ce moyen des ombres dures, qui ne font que des taches.

* Les marques des vertus contribuent beaucoup par leur nobleffe à l'ornement des Figures; comme font celles des Sciences, de la Guerre, & des Sacrifices : * mais que l'Ouvrage ne foit pas trop enrichi d'Or ny de Pierreries;parce que les plus rares font plus cheres & plus precieufes, & celles qui font le grand nombre font des plus communes, & fe donnent pour un prix tres-mediocre.

* Il fera tres-expedient de faire un Modele des chofes, dont le Naturel eft difficile à tenir, & dont nous ne pouvons pas difpofer comme il nous plaift.

* Que l'on confidere les lieux où l'on met la Scene du Tableau, les Païs d'où font ceux que l'on y fait paroiftre, leurs Façons de faire, leurs Coûtumes, leurs Loix, & ce qui fait leur Bienfeance.

Que l'on remarque dans tout ce que vous faites de la Nobleffe * & de la Grace : mais, à dire

XXIII. Ce qui contribuë beaucoup à l'ornement du Tableau.

XXIV. Des Pierres precieufes & des Perles pour ornement.

XXV. Modele.

XXVI. La Scene du Tableau.

XXVII. Les Graces & la Nobleffe.

le vray, c'est une chose tres-difficile, & un present tres-rare que l'homme reçoit plûtost du Ciel que de ses Estudes.

XXVIII.
Que chaque chose soit en sa place.

Il faut suivre en toutes choses l'ordre de la Nature. C'est pourquoy vous vous garderez bien de peindre les nuées, les vents & les tonneres dans les Lambris qui sont prés des pieds, & l'Enfer ou les eaux dans les Plat-fonds. Vous ne ferez pas aussi porter sur une perche un colosse de pierre : mais que toute chose soit dans la place qui luy est convenable.

XXIX.
Des Passions.

D'exprimer outre tout cela les Mouvemens des esprits & les Affections qui ont leur siege dans le cœur ; en un mot, de faire avec un peu de couleurs que l'ame nous soit visible,* c'est où consiste la plus grande difficulté : Nous en voyons assurément bien peu qu'en cela Iupiter ait regardez d'un œil favorable. Aussi n'appartient-il qu'à ces Esprits, qui participent en quelque chose de la Divinité, d'operer de si grandes merveilles. Ie laisse aux Rhetoriciens à traiter de ces caracteres des Passions ; & me contenteray seulement de rapporter ce qu'en dit autrefois un excellent Maistre, *Que les mouvemens de l'ame qui sont étudiez, ne sont jamais si naturels que ceux qui se voyent dans la chaleur d'une veritable Passion.*

XXX.
Qu'il faut fuir les ornemens Gottiques.

N'ayez aucun goust pour les Ornemens Gottiques, qui sont autant de monstres que les mauvais Siecles ont produits, pendant lesquels apres que la Discorde & l'Ambition, causées par la trop grande étenduë de l'Empire Romain, eurent semé la guerre, la peste & la famine par tout le monde, on vit perir les plus superbes Edifices, & la noblesse des beaux Arts s'étein-

(*Rarum homini munus , Cœlo, non Arte p̄-*
tendum.)

Naturæ sit ubique tenor ratioque sequenda.

Non vicina pedum Tabulata, excelsa tonantis
Astra domus depicta gerent nubesque, notosque;
Nec mare depressum Laquearia summa vel Orcū;
Marmoreamq; feret cannis vaga pergula molem:
Congrua sed propria semper statione locentur.

 Hæc præter Motus animorum & corde repostos
Exprimere Affectus, paucisque coloribus ipsam
Pingere posse animam , atque oculis præbere vi-
dendam ,

Hoc opus , hic labor est : pauci quos æquus
 amavit

Iuppiter , aut ardens evexit ad æthera virtus :
Dîs similes potuere manu miracula tanta.
Hos ego Rhetoribus tractandos defero , tantum
Egregij antiquum memorabo sophisma Magistri,
Verius affectus animi vigor exprimit ardens ,
Solliciti nimiùm quam sedula cura laboris.

 Denique nil sapiat Gottorum barbara trito
Ornamenta modo , sæclorum & monstra malorū;
Queis ubi bella, famē & pestē, Discordia, Luxus,
Et Romanorum Res grandior intulit Orbi ,
Ingenua periere Artes , periere superbæ

XXVIII.
Res quæque locum suum teneat.

XXIX.
Affectus.

XXX.
Gottorum ornamenta fugienda.

Artificum moles, sua tunc miracula vidit
Ignibus absumi Pictura, latere coacta
Fornicibus, sortem & reliquam confidere Cryptis,
Marmoribusque diu Sculptura jacere sepultis.
Imperium interea scelerum gravitate fatiscens
Horrida nox totum invasit, donoque superni
Luminis indignum, errorum caligine mersit,
Impiaque ignaris damnavit sacla tenebris:
Vnde Coloratum Graijs huc usque Magistris
Nil superest tantorum Hominum quod Mente Modoque

CROMATICE
Tertia Pars Picturæ.

Nostrates juvet Artifices, doceatque Laborem;
Nec qui Chromatices nobis hoc tempore partes
Restituat, quales Zeuxis tractaverat olim.
Hujus quando magâ velut Arte æquavit Apellē
Pictorum Archigraphum meruitque Coloribus altam
Nominis æterni famam toto orbe sonantem.
Hæc quidem ut in Tabulis fallax sed grata Venustas,
Et complementum Graphidos (mirabile visu)
Pulchra vocabatur, sed subdola Lena Sororis:
Non tamen hoc Lenocinium; fucusque, dolusque
Dedecori fuit unquam; illi sed semper honori,

De l'Art de Peinture. 27

dre & mourir. Ce fut pour lors que la Peinture vit confumer fes merveilles par le feu, & que pour ne point perir avec elles, * on la vit fe fauver dans des lieux fouterrains, aufquels elle confia le peu de refte que le fort luy avoit laiffé, pendant qu'en ces mefmes fiecles la Sculpture s'eft veuë fi long-temps enfevelie fous tant de ruïnes avec fes beaux Ouvrages & fes Statuës fi admirables. L'Empire cependant abbatu fous le poids de fes crimes, ne meritant pas de joüir de la lumiere, fe trouva enveloppé d'une nuit affreufe, qui le plongea dans un abyfme d'erreurs, & couvrit des épaiffes tenebres de l'ignorance ces mal-heureux Siecles, pour les punir de leur impieté. D'où vient que de tous les Ouvrages de ces Grands Hommes de la Grece, il ne nous eft rien refté de leur Peinture & de leur Coloris, qui puiffe aider nos Ouvriers ny dans l'Invention ny dans la Maniere : Auffi ne voit-on perfonne qui rétabliffe * la † CROMATIQUE, & qui la remette en vigueur au point que la porta Zeuxis, lors que par cette Partie, qui eft pleine de charmes & de magie, & qui fçait fi admirablement tromper la veüe, il fe rendit égal au fameux Apelle, le Prince des Peintres, & qu'il merita pour toûjours la reputation qu'il s'eft établie par tout le monde. Et comme cette Partie (que l'on peut dire l'ame & le dernier achevement de la Peinture) eft une beauté trompeufe, mais flateufe & agreable, on l'accufoit de produire * fa Sœur, & de nous engager adroitement à l'aimer : Mais tant s'en faut que cette proftitution, ce fard & cette tromperie l'ayent jamais deshonorée, qu'au contraire elles n'ont fervi qu'à fa loüange, & à faire voir fon

† Couleur ou Cromatique.

Troifiéme Partie de la Peinture.

merite : Il sera donc tres-avantageux de la connoistre.

* La Lumiere produit toutes sortes de couleurs, & l'ombre n'en donne aucune.

Plus un corps nous est directement opposé & proche de la Lumiere, plus il est éclairé ; parce que la Lumiere s'affoiblit en s'éloignant de sa source.

Plus un corps est proche des yeux, & leur est directement opposé, d'autant mieux se voit-il ; car la veüe s'affoiblit en s'éloignant.

XXXI. *Conduite des Tons, des Lumieres & des Ombres.*

Il faut donc que les corps ronds, qui sont veus vis à vis en angle droit, soient de couleurs vives & fortes, & que les extremitez tournent en se perdant insensiblemēt & confusément, sans que le Clair se precipite tout d'un coup dans l'Obscur, ny l'Obscur tout d'un coup dans le Clair : mais il se fera un passage commun & imperceptible des Clairs dans les Ombres & des Ombres dans les Clairs. Et c'est conformément à ces principes qu'il faut traiter tout un Grouppe de Figures, quoy que composé de plusieurs parties ; de mesme que vous feriez une seule teste, soit qu'il y ait deux Grouppes, ou mesme trois (* ce qui sera tout au plus) si vostre composition le demande, & prenez garde qu'ils soient détachez les uns des autres : Enfin, vous ménagerez si bien les Couleurs, les Clairs & les Ombres,* que vous fassiez paroistre les corps éclairez par des Ombres qui arrestent vostre veüe, qui ne luy permettent pas si-tost d'aller plus loing, & qui la font reposer pour quelque temps, & que reciproquement vous rendiez les Ombres sensibles par un Fond éclairé.

Vous donnerez le relief & la rondeur aux

De Arte Graphica.

Laudibus & meritis ; hanc ergo nosse juvabit.

Lux varium vivumque dabit, nullum Vmbra Colorem.

Quo magis adversū est corpus lucisq; propinquum,
Clarius est Lumen ; nam debilitatur eundo,
Quo magis est corpus directū oculisq; propinquum,
Conspicitur melius ; nam visus hebescit eundo.

Ergo in corporibus quæ visa adversa rotundis
Integra sint, extrema abscedant perdita signis
Confusis, non præcipiti labentur in Vmbram
Clara gradu, nec adumbrata in Clara alta repente
Prorumpant ; sed erit sensim hinc atque inde meatus
Lucis & Vmbrarum ; capitisque unius adinstar
Totum opus, ex multis quamquam sit partibus unus
Luminis Vmbrarumq; globus tantummodo fiet,
Sive duo vel tres ad summum, ubi grandius esset
Divisum Pegma in partes statione remotas.
Sintque ita discreti inter se ratione colorum,
Luminis umbrarumq; antrorsum ut corpora clara
Obscura umbrarum requies spectanda relinquat;
Claroque exiliant umbrata atque aspera Campo.

Ac veluti in Speculis convexis eminet ante

XXXI. Tonorum, Luminum & Vmbrarum ratio.

Asperior reipsa vigor & vis aucta colorum
Partibus adversis; magis & fuga rupta retrorsum
Illorum est (ut visa minùs vergentibus oris)
Corporibus dabimus formas hoc more rotundas,   29
Mente Modoque igitur Plastes & Pictor eodem
Dispositum tractabit Opus; quæ Sculptor in orbem
Atterit, hæc rupto procul abscedente colore
Assequitur Pictor, fugientiaque illa retrorsum
Iam signata minùs confusa coloribus aufert: 295
Anteriora quidem directè adversa, colore
Integra, vivaci, summo cum Lumine & Vmbra
Antrorsum distincta refert velut aspera visu.
Sicque super planum inducit Leucoma Colores.
Hos velut ex ipsa Natura immotus eodem
Intuitu circum Statuas daret inde rotundas.   300

XXXII. Corpora densa & opaca cum translucentibus.

    Densa Figurarum solidis quæ corpora formis
Subdita sunt tactu non translucent, sed opaca
In translucendi Spatio ut super Aëra, Nubes
Lympida stagna Vndarũ, & inania cætera debent   305
Asperiora illis prope circunstantibus esse,
Vt distincta magis firmo cum Lumine & Vmbra,
Et gravioribus ut sustenta coloribus, inter
Aërias species subsistent semper opaca:
Sed contra procul abscedant perlucida densis   310

De l'Art de Peinture. 31

corps * de la mesme façon que le Miroir convexe vous le montre, dans lequel nous voyons les
Figures & toutes les autres choses qui avancent
plus fortes & plus vives que le Naturel mesme,
* & que celles qui tournent, soient de couleurs
rompuës, comme estant moins distinguées &
plus proches des bords.

 Le Peintre & le Sculpteur travailleront donc
de mesme intention & avec la mesme conduite:
car ce que le Sculpteur abbat & arondit avec le
fer, le Peintre le fait de son pinceau, chassant
derriere ce qu'il fait moins paroistre par la diminution & la rupture de ses couleurs, & tirant en
dehors par les teintes les plus vives & les ombres les plus fortes ce qui est directement opposé à la veuë, comme estant plus sensible & plus
distingué; & enfin mettant sur la toile nuë les
Couleurs qu'il empruntera du Naturel, qu'il ne
doit voir que d'un seul endroit & d'un mesme
coup d'œil, en sorte que sans se remuër, il semble tourner au tour de la Figure qu'il represente.

XXXII. Corps opaques sur des champs lumineux.

 Quand des corps solides, sensibles au toucher
& opaques se trouvent sur des champs lumineux
& transparents, comme le Ciel, les Nuées, les
Eaux, & toute autre chose vague & vuide d'objets differents, ils doivent estre plus aspres &
plus marquez que ce qui les entoure, afin qu'e-
stant plus forts par le Clair & l'Obscur, ou par des
Couleurs plus sensibles, ils puissent subsister &
conserver leur solidité parmi ces especes aërées
& diaphanes, & qu'au contraire ces Fonds, qui
sont, comme nous avons dit, le Ciel, les Nuées
& les Eaux, estant plus clairs & plus unis, ils s'en
éloignent davantage.

 On ne peut pas admettre deux Iours égaux

XXXIII.
Qu'il ne faut pas deux jours égaux dans le Tableau.

dans un mesme Tableau ; mais le plus grand frapera fortement le milieu, & y étendra sa plus grande lumiere aux endroits ou seront les Principales Figures, & où se passera le fort de l'action, se diminuant du costé des bords à mesure qu'il en approchera le plus. Et de la mesme façon que la lumiere du Soleil s'affoiblit insensiblement dans son étenduë depuis le levant, qui est son origine, jusq'au couchant, où elle vient enfin à se perdre ; ainsi la Lumiere de vostre Tableau distribuée sur toutes vos Couleurs, sera moins sensible, si elle est moins proche de sa source. L'experience en est palpable dans les Statuës que l'on voit au milieu des Places publiques, dont les Parties superieures sont plus éclairées que les inferieures. Vous les imiterez donc dans la distribution de vos Lumieres.

Evitez les Ombres fortes sur le milieu des Membres, de peur que le trop de Noir qui compose ces Ombres, ne semble entrer dedans & les couper : cherchez plûtost à les placer à l'entour, pour relever davantage les Parties, & prenez vostre Iour si avantageux, qu'apres de grandes Lumieres vous trouviez de grandes Ombres. D'où vient que c'est avec raison que l'on dit du Titien, qu'il n'avoit pas de meilleure Regle pour la distribution des Clairs & des Bruns, que la * Grappe de Raisin.

XXXIV.
Le Blanc & le Noir.

* Le Blanc tout pur avance ou recule indifferemment : il s'approche avec du Noir, & s'éloigne sans luy : * Mais pour le Noir tout pur, il n'y a rien qui s'approche davantage.

La Lumiere alterée de quelque couleur ne manque point de la communiquer aux Corps qu'elle frappe, aussi bien que l'air par lequel elle passe.

Corporibus

De Arte Graphica.

Corporibus leviora; uti Nubes, Aër & Vndæ.
Non poterunt diversa locis duo Lumina eâdem   XXXIII.
In Tabulâ paria admitti, aut æqualia pingi: Non duo ex Cœlo Lumina
Majus at in mediâ Lumen cadet usque Tabellâ   in Tabulam æqualia.
315 *Latius infusum, primis qua summa Figuris*
Res agitur, circumque oras minuetur eundo:
Vtque in progressu Iubar attenuatur ab ortu
Solis ad occasum paulatim, & cessat eundo;
Sic Tabulis Lumen, tota in compage Colorum,
320 *Primo à fonte, minus sensim declinat eundo.*
Majus ut in Statuis per compita stantibus Vrbis
Lumen habent Partes superæ, minus inferiores,
Idem erit in Tabulis, majorq; nec Vmbra vel ater
Membra Figurarum intrabit Color, atq; secabit:
325 *Corpora sed circù Vmbra cavis latitabit oberrās:*
Atque ita quæretur Lux opportuna Figuris,
Vt late infusum Lumen lata Vmbra sequatur:
Vnde nec immeritò fertur Titianus ubique
Lucis & Vmbrarū Normā appellasse Racemum.

330 *Purum Album esse potest propiusque magisque*   XXXIV.
    remotum: Album & Nigrum.

Cum Nigro antevenit propiùs, fugit absque,
    remotum:

Purum autem Nigrum antrorsum venit usque
    propinquum.

Lux fucata suo tingit miscetque Colore

C

Corpora, sicque suo, per quem Lux funditur, aër.

XXXV.
Colorum reflexio.

Corpora juncta simul, circumfusosque Colores 331
Excipiunt, propriumque aliis radiosa reflectunt.

XXXVI.
Vnio Colorum.

Pluribus in Solidis liquidâ sub Luce propinquis
Participes, mixtosque simul decet esse Colores.

Hanc Normam Veneti Pictores ritè sequuti,
(Quæ fuit Antiquis Corruptio dicta Colorum) 340
Cùm plures Opere in magno posuêre Figuras,
Ne conjuncta simul variorum inimica Colorum
Congeries Formam implicitam & concisa minutis
Membra daret Pannis, totam unamquamque
   Figuram
Affini aut uno tantùm vestire Colore 345
Sunt soliti, variando Tonis tunicamq; togamq;
Carbaseosque Sinus, vel amicum in Lumine &
   Vmbra
Contiguis circum rebus sociando Colorem.

XXXVII.
Aër interpositus.

Quà minus est spatij aërij, aut quà purior Aër,
Cuncta magis distincta patent, speciesq; reservãt: 350
Quàque magis densus nebulis, aut plurimus Aër
Amplum inter fuerit spatium porrectus, in auras
Confundet rerum species, & perdet inanes.

XXXVIII.
Distantiarum Relatio.

Anteriora magis semper finita remotis
Incertis dominentur & abscedentibus, idque 355

Les Corps qui sont ensemble reçoivent l'un de l'autre la Couleur, qui leur est opposée, & se reflechissent reciproquement celle, qui leur est propre & naturelle.

<small>XXXV. Reflexion des Couleurs.</small>

Il faut aussi que la pluspart des Corps, qui sont sous une Lumiere étenduë & distribuée également par tout, tiennent de la Couleur l'un de l'autre. Les Venitiens ayant en grande recommandation cette maxime (que les Anciens appellerent Rupture de Couleurs) dans la quantité de Figures dont ils ont rempli leurs Tableaux, ont toûjours recherché l'union des Couleurs, de peur qu'estant trop differentes, elles ne viennent à embarasser la veuë par leur confusion avec la quantité des Membres separez par leurs Plis, qui sont encore en assez grand nombre ; & pour cet effet ils ont peint leurs Draperies de Couleurs approchantes les unes des autres, & ne les ont presque distinguées que par la diminution du Clair-Obscur, en accouplant les Objets contigus par la participation de leurs Couleurs, & en liant ainsi d'amitié les Lumieres & les Ombres.

<small>XXXVI. L'Vnion.</small>

Moins il y a d'espace aërée entre nous & l'Objet & plus l'Air est pur, d'autant plus les especes s'en conservent & se distinguent : & tout au contraire plus il y a d'Air & moins il est pur, d'autant plus l'Objet se confond & se broüille.

<small>XXXVII. L'Air interposé.</small>

Les Objets qui sont sur le devant doivent estre toûjours plus finis que ceux qui sont derriere, & doivent dominer sur les choses qui sont confonduës & fuyantes ;* Mais que cela se fasse relativement, c'est à dire, une chose plus grande & plus forte en chassant derriere une

<small>XXXVIII. Relation des Distances.</small>

plus petite, & la rendant moins fenfible par fon oppofition.

XXXIX. Les Corps éloignez.

Les chofes qui font fort éloignées, bien qu'en grand nombre, ne feront qu'une Maffe ; de mefme que les feüilles fur les arbres & les flots dans la Mer.

XL. Des Corps contigus, & de ceux qui font feparez.

Que les Objets qui doivent eftre contigus, ne foient point feparez ; & que ceux qui doivent eftre feparez, nous le paroiffent ; mais que ce foit toûjours par une agreable & petite difference.

XLI. Qu'il faut eviter les extrémies contraires.

* Que jamais deux extremitez contraires ne fe touchent, foit en Couleur, ou en Lumiere; mais qu'il y ait un milieu participant de l'un & de l'autre.

XLII. Diverfité de Tons & de Couleurs.

Les Corps feront par tout differents de Tons & de Couleurs : que ceux qui font derriere fe lient & faffent amitié enfemble, & que ceux de devant foient forts & petillans.

XLIII. Le choix de Lumiere.

* C'eft travailler en vain que de prendre dans les Tableaux un grand Iour de midi, veu que nous n'avons point de Couleurs qui puiffent jamais y atteindre : mais il eft plus à propos de prendre une Lumiere plus foible, comme eft celle du Soir, dont le Soleil dore les campagnes, ou celle du Matin, dont la blancheur eft moderée, ou celle qui paroift apres une Pluye, lors que le Soleil ne nous la donne qu'au travers des nuages, ou pendant un tonnere, que les nuées nous la dérobent, & nous la font paroiftre rougeaftre.

XLIV. Certaines chofes qui regardent la Pratique.

Les Corps polis, comme font les Criftaux, les Metaux, les Bois, l'Os, & les Pierres ; ceux qui font couverts de Poil comme les Peaux, la Barbe & les Cheveux ; comme auffi la Plume, la

De Arte Graphica.

More relativo, ut majora minoribus extant.
Cuncta minuta procul Massâ densantur in unâ,
Vt folia arboribus sylvarũ, & in Æquore fluct⁹.
Contigua inter se coëant, sed dissita distent,
360 Distabuntq; tamen grato & discrimine parvo.
Extrema extremis contraria jungere noli;
Sed medio sint usque gradu sociata Coloris.

XXXIX. Corpora procul distantia.

XL. Contigua & Dissita.

XLI. Contraria extrema fugienda.

Corporum erit Tonus atq; Color variatus ubiq;
Quærat amicitiam retro, ferus emicet ante.

XLII. Tonus & Color varij.

365 Supremum in Tabulis Lumen captare diei
Insanus labor Artificum; cùm attingere tantùm
Non Pigmēta queant; auream sed vespere Lucē,
Seu modicam mane albentem, sive ætheris actam
Post Hyemem nimbis transfuso Sole caducam,
370 Seu nebulis fultam accipient, tonitruque rubentem.

XLIII. Luminis delectus.

Lævia quæ lucent, veluti Cristalla, Metalla,
Ligna, Ossa & Lapides; Villosa, ut Vellera, Pelles,
Barbæ, aqueiq; Oculi, Crines, Holoserica, Plumæ;

LXIV. Quædam circa Praxim.

C iij

De Arte Graphica.

Et Liquida, ut stagnans Aqua, reflexæque sub Undis

Corporeæ species & Aquis contermina cuncta,
Subter ad extremum liquidè sint picta, superq;
Luminibus percussa suis, signisque repostis.

XLV.
Campus Tabulæ.

Area vel Campus Tabulæ vagus esto, levisq;
Abscedat latus, liquidèque bene unctus amicis
Tota ex mole Coloribus, una sive Patella:
Quæque cadūt retro in Campum confinia Campo.

XLVI.
Color vividus, non tamen pallidus.

Vividus esto Color nimio non pallidus Albo,
Adversisque locis ingestus plurimus ardens;
Sed leviter parcèque datus vergentibus oris.

XLVII.
Umbra.

Cuncta Labore simul coëant, velut Umbra in eadem.

XLVIII.
Ex una Patella fit Tabula.

Tota fiet Tabula ex unâ depictâ Patellâ.

XLIX.
Speculum Pictorum, Magister.

Multa ex Natura Speculum præclara docebit;
Quæque procul Serò spatiis spectantur in amplis.

L.
Dimidia Figura vel integra ante alias.

Dimidia Effigies, quæ sola, vel integra plures
Ante alias posita ad Lucem, stet proxima visu,
Et latis spectanda locis, oculisque remota,

De l'Art de Peinture. 39

Soye, & les Yeux de leur naturel aqueux; & ceux qui font liquides, comme les Eaux & les eſpeces corporelles que nous y voyons reflechies;& enfin tout ce qui les touche & qui eſt auprés d'elles doivent eſtre beaucoup & uniment peints par deſſous, mais touchez fierement par deſſus des Clairs & des Ombres qui leur conviennent.

* Que le Champ du Tableau ſoit vague, fuyant, leger & bien uni enſemble de Couleurs amies, & fait d'une mixtion dans laquelle entre de toutes les Couleurs qui compoſent l'Ouvrage, comme ſeroit le reſte d'une Palette ; & que reciproquement les Corps participent de la Couleur de leur Champ. *XLV. Le Champ du Tableau.*

* Que vos Couleurs ſoient vives, ſans pourtant donner, comme on dit, dans la Farine. *XLVI. Vivacité des Couleurs.*

* Que les Parties plus élevées & plus proches de vous ſoient fortement empaſtées de Couleurs brillantes, & qu'au contraire celles qui tournent en ſoient peu chargées.

* Qu'il y ait une telle harmonie dans les Maſſes de voſtre Tableau, que toutes les Ombres n'en paroiſſent qu'une. *XLVII. L'Ombre.*

Que voſtre Tableau * ſoit tout d'une Paſte, & fuyez tant que vous pourrez de peindre à ſec. *XLVIII. Que le Tableau ſoit tout d'une Paſte.*

* Le Miroir vous apprendra quantité de belles choſes, que vous remarquerez ſur la Nature, auſſi bien que les Objets veus le Soir dans des endroits ſpacieux. *XLIX Le Miroir eſt le Maiſtre des Peintres.*

Si vous avez à peindre une demie Figure, ou une toute entiere, qui ſoit devant pluſieurs autres, il faut qu'elle paroiſſe proche de la veuë; & ſi vous avez à la faire dans un grand lieu, & qu'elle ſoit éloignée des yeux, n'y épargnez pas *L. La demie Figure, ou toute entiere devant d'autres.*

C iiij

les plus grands Clairs, les Couleurs les plus vives, ny les plus fortes Ombres.

LI. *Le Portrait.*

* Pour ce qui est des Portraits, il faut faire precisément ce que la Nature vous montre, travaillant en mesme temps aux Parties qui se ressemblent, comme sont les Yeux, les Joües, les Lévres & les Narines, en sorte que vous touchiez à l'une si-tost que vous aurez donné un coup de Pinceau à l'autre, de peur que le temps & l'interruption ne vous fasse perdre l'idée d'une Partie, que la Nature a produite pour ressembler à l'autre; & imitant ainsi trait pour trait toutes les Parties avec une juste & harmonieuse composition de Clair-Obscur & de Couleurs, & donnant à vostre Portrait le brillant que la facilité & la vigueur du Pinceau font voir, pour lors il paroistra tout plein de vie.

LII. *La Place du Tableau.*

Les Ouvrages peints dans les petits lieux doivent estre fort tendres & fort unis de Tons & de Couleurs, dont les degrez seront plus differens, plus inégaux, & plus fiers si l'Ouvrage est plus éloigné: & si vous faites jamais de grandes Figures, qu'elles soient de Couleurs fortes, & dans des lieux fort spacieux.

LIII. *Les Lumieres larges.*

* Peignez le plus tendrement qu'il vous sera possible, & faites perdre insensiblement vos * Lumieres larges dans les Ombres qui les suivent & qui les entourent.

LIV. *Combien il faut de Lumiere pour la place du Tableau.*

Si vostre Tableau doit estre placé dans un lieu éclairé d'une petite Lumiere, les Couleurs en doivent estre fort claires; & tout au contraire, fort brunes, si le lieu est fort éclairé, ou si c'est au plein jour.

LV. *Les choses vicieuses en Peinture qu'il faut éviter.*

Souvenez-vous d'éviter les Objets pleins de trous, brisez en pieces, menus, & qui sont se-

De Arte Graphica. 41

Luminis Vmbrarumque gradu sit picta supremo.
Partibus in minimis imitatio justa juvabit
Effigiem, alternas referendo tempore eodem
395 *Consimiles Partes, cum Luminis atque Coloris*
Compositis justisque Tonis, tunc parta Labore
Si facili & vegeto micat ardens, viva videtur.

LI.
Effigies.

Visa loco angusto tenerè pingantur, amico
Iuncta Calore graduque, procul quæ picta feroci
400 *Sint & inæquali variata Colore, Tonoque.*
Grandia signa volunt spatia ampla ferosque Co-
lores.
Lumina lata unctas simul undiq; copulet Vmbras
Extremus Labor. In Tabulas demissa fenestris
Si fuerit Lux parva, Color clarissimus esto:
405 *Vividus at contra obscurusque in Lumine aperto.*

LII.
Locus Tabulæ.

LIII.
Lumina lata.

LIV.
Quantitas Luminis loci in quo Tabula est exponenda.

Quæ vacuis divisa cavis vitare memento:
Trita, minuta, simul quæ non stipata dehiscunt;

LV.
Errores & vitia Picturæ.

Barbara, Cruda oculis, rugis fucata Colorum,
Luminis Vmbrarumque Tonis æqualia cuncta;
Fœda, cruenta, cruces, obscœna, ingrata, chimeras, 410
Sordidaque & misera, & vel acuta, vel aspera
 tactu.

Quæque dabunt formæ temerè congesta ruinam,
Implicitasque aliis confundent miscua Partes.

LVI.
Prudentia in Pictore.

Dumque fugis vitiosa, cave in contraria labi
Damna mali, Vitium extremis nam semper in- 415
 hæret.

LVII.
Elegantium Idæa Tabularū.

Pulchra gradu summo Graphidos stabilita
 Vetustæ

Nobilibus Signis sunt Grandia, Dissita, Pura,
Tersa, velut minime confusa, Labore Ligata,
Partibus ex magnis paucisque efficta, Colorum
Corporibus distincta feris, sed semper amicis. 420

LVIII.
Pictor Tyro.

Qui bene cœpit, uti facti jam fertur habere
Dimidium; Picturam ita nil sub limine primo
Ingrediens Puer offendit damnosius Arti,
Quàm varia errorum genera ignorante Magistro
Ex pravis libare Typis, mentemque veneno 425
Inficere, in toto quod non abstergitur ævo.

Nec Graphidos rudis Artis adhuc cito qualiacumque
Corpora viva super studium meditabitur ante

De l'Art de Peinture. 43

parez en lambeaux : fuyez auſſi les choſes Barbares, Rudes à la veuë, bigarées de Couleurs, & tout ce qui eſt d'une égale force d'Ombre & de Lumiere : comme auſſi les choſes impudiques, ſordides, mal-ſéantes, cruelles, chimeriques, gueuſes & miſerables ; celles qui ſont aiguës & rudes au toucher ; enfin tout ce qui corrompt ſa forme par une confuſion des Parties embaraſſées les unes dans les autres : *car les Yeux ont horreur des choſes que les Mains ne voudroient pas toucher.*

Mais pendant que vous vous efforcez d'éviter un vice, prenez garde de tomber dans un autre : car le Bien eſt entre deux extremitez également blâmables. *LVI. Prudence du Peintre.*

Les choſes belles dans le dernier degré, ſelon la Maxime des Anciens Peintres, * doivent avoir du Grand & les Contours nobles ; elles doivent eſtre démeſlées, pures, & ſans alteration, nettes, & liées enſemble, compoſées de grandes Parties, mais en petit nombre, & enfin diſtinguées de Couleurs fieres, mais toûjours amies. *LVII. Idée d'un beau Tableau.*

De meſme que l'on dit, que celuy qui a bien commencé, a déja fait la moitié de ſon Ouvrage : * ainſi il n'y a rien de plus pernicieux à un Enfant qui eſt dans les Elemens de la Peinture, que d'entrer ſous la Diſcipline d'un Maiſtre ignorant, qui luy déprave le Gouſt par une infinité d'erreurs, dont ſes Ouvrages ſont remplis, & luy fait boire le venin qui l'infecte pour le reſte de ſes jours. *LVIII. Pour le jeune Peintre.*

Que celuy qui commence ne ſe haſte pas tant d'étudier d'aprés Nature tout ce qu'il fera, qu'il ne ſçache auparavant les Proportions, l'Attachement des Parties, & leurs Contours ; qu'il n'aye bien examiné les excellens Originaux, & qu'il ne soit instruit des douces Tromperies de l'Art, qu'il aura apprises d'un sçavant Maistre plûtost par la Pratique & en le voyant faire, qu'en l'écoutant seulement parler.

<small>LIX.
L'Art sujet au Peintre.</small>

* Cherchez tout ce qui aide vostre Art & qui luy convient, fuyez tout ce qui luy repugne.

<small>LX.
La diversité & la facilité plaisent.</small>

*Les Corps de diverse nature aggrouppez ensemble sont agreables & plaisans à la veüe, * aussi bien que les choses qui paroissent estre faites avec Facilité ; parce qu'elles sont pleines d'esprit & d'un certain Feu celeste qui les anime : Mais vous ne ferez pas les choses avec cette Facilité, qu'apres les avoir long-temps roulées dans vostre Esprit : Et c'est ainsi que vous cacherez sous une agreable tromperie la peine que vous aura donné vostre Art & vostre Ouvrage; mais le plus grand de tous les Artifices est de faire paroistre qu'il n'y en a point.

<small>LXI.
L'Original dans la Teste, & la Copie sur la Toile.</small>

Ne donnez jamais le premier coup de Pinceau, que vous n'ayez bien examiné vostre Dessein, arresté vos Contours, * & que vous n'ayez present dans l'Esprit l'Effet de vostre Ouvrage.

Que l'œil soit satisfait au prejudice de toutes sortes de raisons, qui font naistre des difficultez dans vostre Art, qui de soy-mesme n'en souffre aucune : Et que le Compas soit plûtost dans les yeux, que dans les mains.

<small>*LXII.
Le Compas dans les yeux.</small>

<small>LXIII.
La Superbe nuit extremement au Peintre.</small>

* Tirez vostre profit des avis des Gens Doctes, & ne méprisez pas avec arrogance d'apprendre le sentiment d'un chacun sur vos Ouvrages : tout le monde est aveugle dans ses propres affaires, & personne n'est capable de porter jugement dans sa propre cause, non plus que de

De Arte Graphica.

Illorum quàm Symmetriam, Internodia, Formam
Noverit inspectis docto evolvente Magistro
Archetypis, dulcésque Dolos præsenserit Artis.
Plúsque Manu ante oculos quàm voce docebitur
usus.

Quare Artem quæcumque juvant, fuge quæque repugnant.

LIX.
Ars debet servi-
re Pictori, non
Pictor Arti.

Corpora diversa naturæ juncta placebunt;
Sic ea quæ facili contempta labore videntur:
Æthereus quippe ignis inest & spiritus illis.
Mente diu versata, manu celebranda repentî.
Arsque Laborq; Operis grata sic fraude latebit.
Maxima deinde erit ars, nihil artis inesse videri.

LX.
Oculos recreat
diversitas &
Operis facili-
tas, quæ specia-
tim Ars dicitur.

Nec prius inducas Tabulæ Pigmenta Colorum,
Expensi quàm signa Typi stabilita nitescant,
Et menti præsens Operis sit Pegma futuri.
Prævaleat sensus rationi, quæ officit Arti
Conspicuæ, inq; oculis tantummodo Circinus esto.

LXI.
Archetypus in
mente, Apogra-
phum in tela.

LXII.
Circinus in
oculis.

Vtere Doctorum Monitis, nec sperne superbus
Discere quæ de te fuerit Sententia Vulgi.
Est cæcus nam quisque suis in rebus, & expers
Judicy, Prolémque suam miratur amátque.

LXIII.
Superbia Picto-
ri nocet pluri-
mùm.

Ast ubi Consilium deerit Sapientis Amici,
Id tempus dabit, atque mora intermissa labori.
Non facilis tamen ad nutus & inania Vulgi
Dicta levis mutabis Opus, Geniumq; relinques :
Nam qui parte sua sperat bene posse mereri
Multivaga de Plebe, nocet sibi, nec placet ulli.

LXIV.
γνῶθι σεαυτόν

Cumque Opere in proprio soleat se pingere
   Pictor,
(Prolem adeo sibi ferre parem Natura suevit)
Proderit imprimis Pictori γνῶθι σεαυτόν;
Vt data quæ Genio colat, abstineatque negatis.

Fructibus utque suus nunquam est sapor atque
   venustas
Floribus insueto in fundo præcoce sub anni
Tempore, quos cultus violentus & ignis adegit;
Sic nunquam nimio quæ sunt extorta labore,
Et picta invito Genio, nunquam illa placebunt.

LXV.
Quod mente conceperis manu comproba.

Vera super meditando, Manus, Labor improbus
   adsit:

De l'Art de Peinture. 47

retirer son affection des choses qu'il a enfantées, & dont il est l'admirateur. * Mais si vous n'avez point d'Amy sçavant qui vous aide de son Conseil, celuy du temps ne vous manquera pas, apres que vous aurez laissé passer quelques semaines, ou du moins quelques jours, sans voir vostre Ouvrage, il vous en découvrira ingenuëment les beautez & les defauts. Ne vous laissez pas pourtant aller trop facilement aux Avis du Vulgaire, qui parle bien souvent sans connoissance, & n'abandonnez pas ainsi vostre Genie, pour changer avec trop de legereté ce que vous avez fait : car celuy qui se met en teste & se flate de la vaine esperance de meriter l'approbation du Peuple, dont les Iugemens sont inconsiderez & changeans à toute heure, il se nuit à soy-mesme, & ne plaist à personne.

Comme le Peintre a coûtume de se peindre dans ses Ouvrages (tant la Nature est accoûtumée à produire son semblable) il sera bon de se connoistre soy-mesme,* afin de cultiver les Talens qui font son Genie, & qu'il a receus de la Nature, & de ne perdre point mal-heureusement le temps à la recherche de ceux qu'elle luy a refusez.

LXIV.
Il faut se connoistre.

De mesme que les fruits n'ont jamais le goust, & les fleurs la beauté qui leur est naturelle, lors qu'ils sont dans un Fond étranger, & qu'on les fait avancer plûtost que leur saison par une chaleur artificielle ; ainsi vous avez beau peiner vos Ouvrages, si c'est malgré vostre Genie & contre la pente de la Nature, ils ne reussiront jamais.

* En meditant sur ces Veritez, en les observant soigneusement, & y faisant toutes les reflexions necessaires, que le travail de la main

LXV.
Pratiquer sans relasche & facilement ce qu'on a conçeu.

accompagne voſtre eſtude, qu'il la ſeconde, & 46
qu'il la ſoûtienne, ſans pourtant émouſſer la
pointe du Genie, & en abatre la vigueur par
trop d'exactitude.

LXVI.
Le Matin eſt propre au Travail.

* La plus belle & la meilleure partie de nos
Iours, eſt celle du Matin : employez-la donc au
travail qui demande le plus de ſoin & le plus
d'application.

LXVII.
Faire tous les jours quelque choſe.

* Qu'aucun Iour ne ſe paſſe ſans tirer quelque Ligne.

LXVIII.
Les Paſſions vrayes & naturelles.

Remarquez par les ruës les Airs de teſte, les 470
Attitudes & les Expreſſions naturelles, qui feront d'autant plus libres, qu'elles ſeront moins
obſervées.

LXIX.
Les Tablettes.

* Soyez prompt à mettre ſur vos Tablettes
(que vous aurez toûjours preſtes) tout ce que
vous en jugerez digne, ſoit ſur la Terre, ou dans
l'Air, ou ſur les Eaux, pendant que les eſpeces
en demeurent encore fraiſches dans voſtre
Eſprit.

* La Peinture ne ſe plaiſt pas trop dans le vin 475
ny dans la bonne chere ; ſi ce n'eſt afin que l'Eſprit épuiſé par le Travail, prenne une nouvelle
vigueur dans la converſation des Amis. Elle ne
ſe plaiſt pas non plus dans l'embaras des affaires
ny dans les procez ; * mais dans la liberté du Celibat. * Elle s'éloigne autant qu'elle peut du bruit 480
& du tumulte, pour joüir du repos de la campagne : parce que dans le ſilence on eſt plus diſpoſé à s'appliquer fortement au Travail ; & à
produire des Idées qui demeurent toûjours preſentes juſqu'à la fin de l'Ouvrage, dont on embraſſe le Tout enſemble plus commodement.

* Que les avares ſoins de devenir riche ne
vous faſſent pas perdre voſtre Reputation : mais

Nec

Nec tamen obtundat Genium, mentisq; vigorem.

Optima nostrorum pars est matutina dierum,
Difficili hanc igitur potiorem impende Labori.
Nulla dies abeat quin linea ducta superfit.
Perque vias vultus hominum, motusque notabis
Libertate sua proprios, positasque Figuras
Ex sese faciles, ut inobservatus habebis.
Mox quodcumque Mari, Terris & in Aëre pulchrum
Contigerit, Cartis propera mandare paratis,
Dum præsens animo species tibi fervet hianti.

Non epulis nimis indulget Pictura, meroque
Parcit, Amicorum quantum ut sermone benigno
Exhaustam reparet mentem recreata, sed inde
Litibus & curis in Cælibe libera vita
Secessus procul à turba strepituque remotos
Villarum rurisque beata silentia quærit:
Namque recollecto tota incumbente Minerva
Ingenio rerum species præsentior extat,
Commodiusque Operis compagem amplectitur omnem.
Infami tibi non potior sit avara peculi
Cura, aurique fames, modica quam sorte beato

LXVI. Matutinum tempus Labori aptum.

LXVII. Singulis diebus aliquid faciendum.

LXVIII. Affectus inobservati & naturales.

LXIX. Non desint Pugillares.

D

Nominis æterni & laudis pruritus habendæ,
Condignæ pulchrorum Operũ mercedis in ævum.

 Iudicium, docile Ingenium, Cor nobile, Sensus
Sublimes, firmum Corpus, florensque Iuventa,
Commoda Res, Labor, Artis amor, doctusque
 Magister;
Et quamcumque voles occasio porrigat ansam,
Ni Genius quidam adfuerit Sydusq; benignum,
Dotibus his tantis, nec adhuc Ars tanta paratur:
Distat ab Ingenio longè Manus. Optima Doctis
Censentur quæ prava minus; latet omnibus
 error,
Vitaque tam longæ brevior non sufficit Arti;
Desinimus nam posse senes cùm scire periti
Incipimus, doctamque Manum gravat ægra
 senectus,
Nec gelidis fervet juvenilis in Artubus ardor.

 Quare agite, ô Juvenes, placido quos Sydere
 natos
Pacifera studia allectant tranquilla Minerva,
Quosque suo fovet igne, sibiq; optavit Alumnos!
Eia agite,atq; animis ingentem ingentibus Artem

De l'Art de Peinture.   51

485 vous contentant plûtost d'une fortune mediocre, ne songez qu'à vous acquerir, pour toute recompense de vos beaux Ouvrages, un Renom glorieux, qui ne perira qu'avec les Siecles.

 * Les qualitez d'un excellent Peintre sont, d'avoir le Iugement bon, l'Esprit docile, le Cœur noble, le Sens sublime, de la Ferveur, de la Santé, de la Ieunesse, de la Beauté, la commodité des Biens, le Travail, l'Amour pour son Art, &
490 d'estre sous la Discipline d'un sçavant Maistre. Et quelque Sujet que vous puissiez choisir, ou que le hazard & la bonne fortune vous presentent, si vous n'avez le Genie ou l'inclination naturelle que demande vostre Art, vous ne parviendrez jamais à sa perfection avec tous ces grands avantages que je viens de dire : car il y a bien loin de ce que peut faire la Main à cette sorte d'intelligence que donne une heureuse Naissance & un beau Genie.

 Les choses les plus belles ne passent pour tel-
495 les au sentiment des Doctes, que pour estre moins mal ; car personne ne voit ses deffauts, * & la vie est si courte, qu'elle ne suffit pas pour un Art de si longue haleine. Les forces nous manquent lors que dans nostre vieillesse nous commençons à devenir sçavans ; elle nous accable à mesure qu'elle nous instruit, & ne souffre jamais dans les membres, que le froid des années a glacez, l'ardeur vive & boüillante de la Ieunesse.

500 * Courage donc, Chers Enfans de Minerve, qui estes nez sous l'Influence d'un Astre benin ; vous qu'elle échauffe de son feu, qu'elle attire à l'amour de sa Science, & qu'elle a choisis pour ses Nourissons : Employez avec joye les forces

D ij

de voſtre Eſprit pour un Art qui les demande toutes ; pendant que la Ieuneſſe vous les fournit & y donne de la pointe & de la vigueur, pendant dis-je que voſtre Eſprit pur & vuide de toute erreur n'a encore pris aucune mauvaiſe teinture, & que dans la ſoif où il eſt de la nouveauté des choſes, il ſe remplit des premieres eſpeces qui ſe preſentent, & les donne en garde à la Memoire, qui dans ſa premiere humidité les conſerve plus long-temps.

LXX.
L'ordre que doit tenir le Peintre dans ſes Eſtudes.

* Pour bien faire, * vous commencerez par la Geometrie ; & apres en avoir appris quelque choſe, * mettez-vous à deſſeigner d'apres les Antiques Grecques, * & ne vous donnez point de relaſche ny jour ny nuit, qu'auparavant vous ne vous ſoyez acquis, par une continuelle pratique, une habitude facile de les imiter dans leurs Inventions & dans leur Maniere.

* Et en ſuite lors que le Iugement ſe ſera fortifié, & ſera parvenu à ſa maturité par les années, il ſera tres-bon de voir & d'examiner l'un apres l'autre, & partie à partie par un ordre ſuivi de la maniere que nous avons dit cy-devant & ſelon les Regles que nous en avons données, les Ouvrages qui ont tant donné de Reputation aux Maiſtres de la premiere Claſſe ; comme ſont les Romains, les Venitiens, les Parmeſans, & ceux de Bologne.

Parmi tous ces Excellens Hommes, RAPHAEL a eu en partage l'Invention, qui luy a fait faire autant de Miracles que de Tableaux, dans leſquels on remarque * une certaine Grace qui luy eſtoit particuliere & naturelle, & que perſonne depuis ne s'eſt jamais pû rendre familiere. MICHELANGE a poſſedé puiſſamment le Deſ-

De Arte Graphica.

Exercete alacres, dum strenua corda Iuventus
505 Viribus extimulat vegetis, patiensq laborum est;
Dum vacua errorum nulloque imbuta sapore
Pura nitet mens, & rerum sitibunda novarum
Præsentes haurit species atque humida servat.

    LXX. Ordo Studiorũ.

In Geometrali priùs Arte parumper adulti
510 Signa Antiqua super Graiorum addiscite formã;
Nec mora nec requies, noctuque diuque labori
Illorum Menti atque Modo, vos donec agendi
Praxis ab assiduo faciles assueverit usu.

Mox ubi Iudicium emensis adoleverit annis,
515 Singula quæ celebrant primæ Exemplaria classis
Romani, Veneti, Parmenses, atque Bononi
Partibus in cunctis pedetentim atq; ordine recto,
Vt monitum suprà est vos expendisse juvabit.

Hos apud invenit RAPHAEL miracula summo
520 Ducta modo, veneresque habuit quas nemo
    deinceps.

Quidquid erat formæ scivit BONAROTA
    potenter.

De Arte Graphica.

IULIUS *à puero Musarum eductus in Antris*
Aonias reseravit opes, Graphicaque Poësi
Quæ non visa priùs, sed tantùm audita Poëtis
Ante oculos spectanda dedit Sacraria Phœbi: 525
   Quæque coronatis complevit bella triumphis
Heroüm Fortuna potens, casusque decoros
Nobilius reipsa antiqua pinxisse videtur.
Clarior ante alios CORREGIUS *extitit, ampla*
Luce superfusa circum coëuntibus Vmbris, 530
Pingendique Modo grandi, & tractando Colore
Corpora. Amicitiamque, gradusque, dolosque
   Colorum,
Compagemque ita disposuit TITIANUS, *ut inde*
Divus apellatus, magnis sit honoribus auctus
Fortunæq; bonis: Quos sedulus ANNIBAL *omnes* 535
In propriam Mentẽ atq; Modũ mira arte coëgit.

LXXI.
Natura & Experientia Artem perficiunt.

Plurimus inde labor Tabulas imitando juvabit
Egregias, Operumque Typos; sed plura docebit

sein pardessus tous les autres. * IULES ROMAIN élevé dés son Enfance dans le Païs des Muses, nous a ouvert le Tresor du Parnasse, & par une Poësie peinte, il a découvert à nos yeux les plus sacrez Mysteres d'Apollon, & tous les Ornemens les plus rares que ce Dieu est capable de communiquer aux Ouvrages qu'il inspire ; ce que nous ne connoissions jusques alors que par le recit que nous en avoient fait les Poëtes. Il semble avoir peint avec plus de Noblesse & de Magnificence que la chose mesme n'en avoit aux Siecles passez, les fameuses guerres que la Fortune toute-puissante des Heros a finies en les faisant triompher des Testes couronnées, & les autres grands & illustres Evenemens qu'elle a causez dans le Monde. Le CORREGE s'est rendu recommandable pour avoir donné de la Force & de la Vigueur à ses Figures, sans y mettre d'Ombre que tout autour, encore sont-elles si bien meslées & confonduës avec leurs Clairs, qu'elles en sont presque imperceptibles. Il est encore unique dans sa grande Maniere de peindre, & dans la Facilité qu'il a euë à manier les Couleurs. Et le TITIEN a si bien entendu l'Vnion, les Masses & les Corps des Couleurs, l'Harmonie des Tons & la Disposition du Toutensemble, qu'avec le nom de Divin il a merité d'estre comblé d'honneurs & de biens. Le Soigneux ANNIBAL a pris de tous ces Grands Hommes ce qu'il en a trouvé de bon, dont il a fait comme un precis qu'il a converti en sa propre substance.

C'est un grand moyen de profiter beaucoup, que de copier auec soin les excellens Tableaux & les beaux Desseins : mais la Nature presente de-

LXXI.
La Nature &
l'Experience
perfectionnent
l'Art.

vant les yeux vous en apprendra encore davantage ; parce qu'elle augmente la force du Genie : & c'est d'elle que l'Art tire sa plus grande perfection par le moyen de l'Experience. * Ie passe sous silence beaucoup de choses que vous apprendrez dans le Commentaire.

Considerant que toutes choses sont sujettes à la vicissitude des temps, & qu'elles peuvent perir par differentes voyes, j'ay crû que je devois prendre la hardiesse de * donner en garde aux Muses, ces aimables & ces immortelles Sœurs de la Peinture, le peu de Preceptes que j'en ay faits.

Ie me suis occupé à travailler cét Ouvrage dans Rome, pendant que l'Honneur des Bourbons & le Vengeur de ses Ancestres Louïs XIII. lançoit ses foudres sur les Alpes, & faisoit ressentir la force de son Bras victorieux à ses Ennemis ; & comme un autre Hercule François renaissant pour le bien de sa Patrie étouffoit le Lion d'Espagne.

De Arte Graphica.

Natura ante oculos præsens; nam firmat & auget
540 *Vim Genij, ex illaq; Artē Experientia complet.*
Multa superfileo quæ Commentaria dicent.

Hæc ego, dum memoror subitura volubilis ævi
Cuncta vices, variisque olim peritura ruinis,
Pauca Sophismata sum Graphica immortalibus ausus
545 *Credere Pieriis. Romæ meditatus, ad Alpes*
Dum super insanas moles inimicaque castra
Borbonidum decus & vindex Lodoicus Avorum
Fulminat ardenti dextra, Patriæque resurgens
550 *Gallicus Alcides, premit Hispani ora Leonis.*

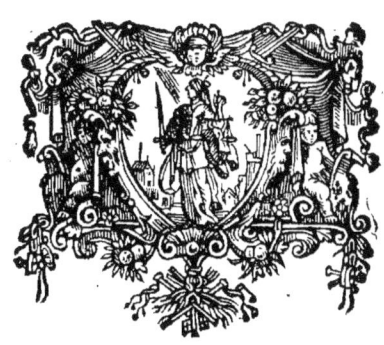

REMARQVES
SVR L'ART
DE
PEINTVRE
DE CHARLES ALFONSE
DV FRESNOY.

Le nombre qui est à la teste de chaque Remarque sert à trouver, dans le texte, l'endroit sur lequel la Remarque est faite.

¶ 1  [*A Peinture & la Poësie sont deux Sœurs qui se ressemblent si fort en toutes choses.*] C'est une verité qui demeure pour constante, Que les Arts ont un certain rapport les uns aux autres. *Il n'y a pas un Art* (dit Tertullien) *qui ne soit pere ou parent d'un autre.* Et Ciceron, dans son Oraison pour le Poëte Archias, dit que, *Tous les Arts qui regardent la*

<small>Dans son Traité de l'Idolatrie.</small>

vie humaine ont entr'eux comme une espece d'alliance, & se tiennent tous, s'il faut ainsi dire, par la main. Mais ceux de tous les Arts, qui sont les plus proches & les plus anciens parens, sont la Peinture & la Poësie ; & quiconque voudra bien les examiner, les trouvera si ressemblantes en toutes choses, qu'il n'aura pas de peine à croire qu'elles soient Sœurs.

Elles suivent toutes deux la mesme pente, & elles se laissent emporter plûtost que conduire à leurs secrettes inclinations, qui sont autant de semences de la Divinité. *Il y a un Dieu au dedans de nous-mesmes* (dit Ovide parlant des Poëtes) *lequel nous échauffe en nous agitant.* Et Suidas dit, *Que ce fameux Sculpteur Phidias, & que Zeuxis ce Peintre incomparable, tous deux transportez par un Antouzyasme, ont donné la vie à leurs Ouvrages.* Elles tendent toutes deux à mesme fin, qui est l'Imitation. Toutes deux excitent nos passions ; & nous nous laissons tromper volontairement, mais agreablement par l'une & par l'autre ; nos yeux & nos esprits y sont si fort attachez, que nous voulons nous persuader que les Corps peints respirent, & que les fictions sont des veritez. Toutes deux sont occupées par les belles actions des Heros, & travaillent à les éternifer. Toutes deux enfin sont appuyées sur les forces de l'Imagination, & se servent des licences qu'Apollon leur donne également, & que leur Genie leur inspire.

Pictoribus atque Poëtis
Quidlibet audendi semper fuit æqua potestas.

L'avantage que la Peinture a pardessus la Poësie, est, Que parmi cette grande diversité de Langues, elle se fait entendre de toutes les

[marginal notes:]
Dans ses Fastes au commencement du l. 6.

Horace dans son Art Poëtique.

sur l'Art de Peinture.

Nations de la Terre; & qu'elle est necessaire à tous les autres Arts, à cause du besoin qu'ils ont de figures demonstratives, qui donnent bien souvent plus d'intelligence que tous les discours du monde.

Segnius irritant animos demissa per aurem, Hor. dans son Art.
Quam quæ sunt oculis commissa fidelibus.
Les choses qui entrent dans l'esprit par les oreilles, prennent un chemin bien plus long, & touchent bien moins, que celles qui y entrent par les yeux, lesquels sont des témoins plus fideles & plus seurs que les oreilles.

9. [*Car pour contribuer toutes deux aux sacrez honneurs de la Religion.*] La Poësie par ses Hymnes & ses Cantiques; & la Peinture par ses Statuës, par ses Tableaux, & par tous les ornemens qui inspirent du respect & de la veneration pour les saints Mysteres. Gregoire de Nice apres avoir fait une longue & belle description du Sacrifice d'Abraham, dit ces paroles: *J'ay souvent jetté les yeux sur un Tableau* Dans son Oraison de la Deïté du Fils & du S. Esprit. *qui represente ce spectacle digne de pitié, & je ne les ay jamais retirez sans larmes; tant la Peinture a sceu representer la chose, comme si elle se passoit effectivement.*

24. [*Tant ces Arts divins ont esté honorez, & tant ils ont eu de puissance.*] Les grands Sei- Pline l. 35. gneurs, les Villes, & les Magistrats tenoient autrefois à grand honneur d'obtenir quelque Tableau de la main de ces grands Peintres de l'Antiquité. Mais cét honneur est bien décheu aujourd'huy parmy la Noblesse de France; & si vous en voulez sçavoir la cause, Vitruve vous Dans la Preface du 3. livre. dira que c'est l'ignorance des beaux Arts: *Propter ignorantiam* (dit-il) *Artis virtutes obscu-*

rantur. Et nous verrions cét Art admirable de la Peinture tomber dans le dernier mépris, si noftre grand Roy, qui ne cede en rien à la Magnanimité du grand Alexandre, n'avoit fait paroiftre autant d'amour pour la Peinture, comme il a montré de valeur pour la guerre. Nous le voyons careffer ce bel Art par les vifites & par les prefens confiderables qu'il fait à fon premier Peintre, apres avoir établi & fondé, pour le progrés & pour la perfection de la Peinture, une Academie que fon premier Miniftre honore de fa protection, de fes foins, & fouvent de fes vifites. De forte que nous verrions revenir entierement le fiecle d'Apelle, & revivre tous les beaux Arts, si nos genereux Gentils-hommes, qui fuivent noftre incomparable Monarque avec tant d'ardeur & de courage dans tous les perils où il s'expofe pour la grandeur & la gloire de fon Royaume, fuivoient de mefme cette noble affection qu'il a pour tous les excellens Ouvriers. Ce qu'il y avoit de perfonnes confiderables & d'illuftre naiffance dans la Grece, prirent un foin particulier durant plufieurs fiecles de fe faire inftruire à la Peinture, fuivant une loüable & utile couftume, dont le Grand Alexandre eftoit l'Auteur; qui eftoit d'apprendre à deffeigner avant toute autre chofe. Et Pline qui en rend témoignage dans fon dixiéme chapitre du 35. livre dit encore parlant de Pamphile Maiftre d'Apelle, *Que ce fut par l'autorité de ce Prince, qu'à Sicyone premierement, & enfuite par toute la Grece, les jeunes Gentils-hommes apprirent avant toute autre chofe à deffeigner fur des tablettes de boüis, & que l'on donna à la Peinture le premier rang parmy les Arts liberaux.* Et ce qui fait voir qu'ils estoient fort intelligens dans cét Art, est l'amour & la consideration qu'ils avoient pour les Peintres. Demetrius en donna d'avantageux témoignages au siege de Rhodes; il voulut bien employer quelque partie du temps qu'il devoit aux soins de son armée à visiter Protogene, qui pour lors faisoit le tableau de Ialisus : *Ce Ialisus* (dit Pline) *empescha le* [Liv. 35. c. 10.] *Roy Demetrius de prendre Rhodes dans l'apprehension qu'il avoit de brusler les Tableaux, & ne pouvant par autre costé mettre le feu dans la Ville, il ayma mieux épargner la Peinture, que de recevoir la Victoire qui luy estoit offerte. Protogenes avoit pour lors son Attelier dans un jardin hors de la Ville, tout proche du Camp des ennemis, où il achevoit assiduëment les Ouvrages qu'il avoit commencez, sans que le bruit des armes fust capable de l'interrompre; mais Demetrius l'ayant fait venir, & luy ayant demandé avec quelle hardiesse il osoit ainsi travailler au milieu des Ennemis ? Il luy répondit, Qu'il sçavoit fort bien que la guerre qu'il avoit entreprise, estoit contre les Rhodiens, & non pas contre les Arts. Ce qui obligea le Roy de luy donner des gardes pour sa sureté, estant ravy de pouvoir conserver la Main qu'il avoit ainsi sauvée de la barbarie & de l'insolence des soldats.* Alexandre n'avoit pas de plus sensible plaisir, que lors qu'il estoit dans l'Attelier d'Apelle, où on le trouvoit presque toûjours ; & ce Peintre receut un jour une marque tres-sensible de son amitié & de la complaisance qu'il avoit pour luy : *Car luy ayant fait peindre toute nuë (à cause de son admirable beauté) l'une* [Pline liv. 35. c. 10.]

de ses Concubines qu'on appelloit Campaspe, & celle de toutes les autres à qui il avoit donné plus de part dans son cœur; & s'estant apperceu qu'elle avoit frappé d'un mesme trait celuy d'Apelle, il luy en fit un present. L'on portoit en ce temps-là tant d'honneur à la Peinture, que ceux qui avoient quelque habileté en cet Art, ne peignoient sur aucune chose qui ne pût estre transportée d'un lieu à un autre, & qu'on n'auroit pû garantir d'un embrasement: *Ils se seroient bien gardez* (comme dit Pline dans le mesme endroit que je vous ay déja cité) *de peindre contre un mur qui ne peut estre qu'à un Maistre, qui seroit toûjours demeuré dans un mesme lieu, & qu'on n'auroit pû dérober à la rigueur des flammes; il n'estoit pas permis de retenir comme en prison la Peinture sur les murailles; elle demeuroit indifferemment dans toutes les Villes, & un Peintre estoit un bien commun à toute la Terre.* Voyez vous-mesme cét excellent Autheur, & vous trouverez que son dixiéme chapitre du 35. livre est tout plein des loüanges de la Peinture, & des honneurs qu'on luy rendoit. Vous y verrez comme il n'estoit permis qu'aux Nobles de la professer. François I. au rapport de Vazare, ayma tant la Peinture, qu'il fit venir d'Italie tout ce qu'il pût d'habiles hommes, pour rendre cét Art fleurissant dans son Royaume; entre autres Leonard de Vinci, lequel apres avoir esté quelque temps en France, mourut à Fontainebleau entre les bras de ce grand Prince, qui ne pût voir cette mort sans en verser des larmes. Charles-Quint a enrichy l'Espagne des plus precieux Tableaux que nous ayons aujourd'huy. Ridolfi dans la Vie du Titien,

sur l'Art de Peinture.

tien, dit, que cét Empereur ramaſſa un jour un pinceau que ce Peintre avoit laiſſé tomber en luy faiſant ſon portrait; & ſur le remerciement & l'excuſe que le Titien luy en faiſoit, il luy dit ces paroles: *Titien merite d'eſtre ſervy par Ceſar.* Et dans la meſme Vie, l'on voit que cét Empereur *ſe vantoit & s'eſtimoit glorieux, non ſeulement de s'eſtre rendu des Provinces tributaires; mais d'avoir obtenu trois fois l'immortalité par les mains du Titien.* Si vous voulez prendre la peine de lire la Vie de ce fameux Peintre dans Ridolfi, vous y verrez tous les honneurs qu'il a receus de Charles-Quint; il ſeroit trop long de vous en faire icy le détail: Ie vous diray ſeulement que les grands Seigneurs qui compoſoient la Cour de cét Empereur, n'ayant pû s'empeſcher de luy témoigner leur jalouſie, ſur ce qu'il preferoit la perſonne & la converſation du Titien à celle de tous les autres Courtiſans, il leur dit: *Qu'il ne manqueroit jamais de Courtiſans; mais qu'il n'auroit pas toûjours un Titien avec luy.* Auſſi l'a-t'il comblé de biens, & quand il luy envoyoit de l'argent, qui eſtoit pour l'ordinaire une groſſe ſomme, il luy témoignoit, que ſon deſſein n'eſtoit pas de payer ſes Tableaux, puiſqu'il reconnoiſſoit qu'ils eſtoient ſans prix; à l'exemple des Grands de l'Antiquité, qui achetoient les belles Peintures à pleins boiſſeaux de pieces d'or ſans compte & ſans nombre: *In nummo aureo menſura accepit non numero,* dit Pline parlant d'Apelle. Quintilien infere de là, qu'il n'y a rien de plus noble que la Peinture; puiſque la pluſpart des autres choſes ſe marchandent, & ont un prix: *Pleraque hoc ipſo poſſunt*

E

videri vilia quod pretium habent. Voyez les 34. 35. & 36. livres de Pline. Quantité de grands personnages l'ont aymée avec passion, & s'y sont exercez avec plaisir : Entre autres Lelius, Fabius l'un de ces fameux Romains, qui au rapport de Ciceron, depuis qu'il eut gousté la Peinture, & qu'il s'y fut exercé, voulut estre appellé Fabius Pictor, Turpilius Chevalier Romain, Labeon Preteur & Consul, Quintus Pedius, les Poëtes Ennius, & Pacuvius, Socrate, Platon, Metrodore, Pirrhon, Commode, Neron, Vespasien, Alexandre Severe, Antonin, & plusieurs autres Empereurs & Roys qui n'ont pas tenu au dessous de leur Majesté d'y employer une partie de leur temps.

In Bruto.

§ 37. [*La principale & la plus importante partie de la Peinture, est de sçavoir connoistre ce que la Nature a fait de plus beau & de plus convenable à cét Art.*] Voicy où échoüent presque tous les Peintres Flamans ; & la pluspart sçavent imiter la Nature pour le moins aussi bien que les Peintres des autres Nations ; mais ils en font un mauvais choix, soit parce qu'ils n'ont pas veu l'Antique, ou que le beau Naturel ne se trouve pas ordinairement dans leur païs. Et dans la verité ce Beau estant fort rare, il est connu de peu de personnes, il est difficile d'en faire le choix, & de s'en former des idées qui puissent servir de modele.

§ 39. [*Et que le choix s'en fasse selon le goust & la maniere des Anciens.*] C'est à dire, selon les Statuës, les Bas-reliefs, & selon les autres Ouvrages Antiques, tant des Grecs que des Romains. On appelle Antique ce qui a esté fait depuis Alexandre le Grand jusqu'à l'Empereur

Phocas, sous l'Empire duquel les Arts furent ruïnez par la guerre. Ces Ouvrages Antiques ont toûjours esté depuis leur naissance, la Regle de la Beauté. Et en effet, leurs Auteurs ont pris un tel soin de les mettre dans la perfection où nous les voyons, qu'ils se servoient, non pas d'un seul Naturel, mais de plusieurs dont ils prenoient les parties les plus regulieres pour en faire un beau Tout: *Les Sculpteurs* (dit Maxime de Tyr) *par un admirable artifice, choisissent de plusieurs Corps les Parties qui leur semblent les plus belles, & ne font de cette diversité qu'une seule Statuë; mais ce mélange est fait avec tant de prudence, & si à propos, qu'ils semblent n'avoir eu pour Modele, qu'une seule & parfaite Beauté. Et ne vous imaginez pas pouvoir jamais trouver une Beauté naturelle qui le dispute aux statuës, l'Art a toûjours quelque chose de plus parfait que la Nature.* Il est mesme à presumer que dans le choix qu'ils faisoient de ces Parties, ils suivoient le sentiment des Medecins, qui estoient pour lors bien capables de leur donner des regles de la Beauté; puisque la Beauté & la santé se doivent ordinairement suivre l'une l'autre. Car la Beauté, selon Galien, n'est autre chose, *qu'un juste accord & une harmonie des membres les uns avec les autres, animez d'un bon temperament.* Et les hommes (dit le mesme Galien) *loüent une certaine Statuë de Policlete qu'ils appellent la Regle, & qui a merité ce nom, pour avoir dans toutes ses parties, un accord si parfait, & une proportion si exacte, qu'il n'est pas possible d'y trouver à redire.* L'on peut conclure de ce que je vous viens d'alleguer, que les Antiques sont belles, parce qu'elles ressem-

Differt. VII.

Liv. sur les sentimens d'Hippocrate & Platon. ch. 3.

E ij

blent à la belle Nature; & que la Nature sera toûjours belle quand elle ressemblera aux belles Antiques. Et voila pourquoy personne depuis ne s'est avisé de disputer la Proportion de ces Antiques, & qu'au contraire, elles ont toûjours esté citées, comme les Modeles des Beautez les plus parfaites. Ovide dans le 12. de ses Metamorphoses, où il fait la description de Cyllare le plus beau des Centaures, dit, *Qu'il avoit une si grande vivacité dans le visage, le col, les épaules, les mains, & l'estomac si beaux, qu'on pouvoit asseurer avec raison, qu'en tout ce qu'il avoit de l'homme, c'estoit la mesme Beauté que l'on remarque dans les Statuës les plus celebres.* Et Philostrate dans ses Heroïques parlant de Protesilaüs, & loüant la beauté de son visage, dit, *Que la forme de son nez est quarrée, & comme si c'estoit d'une Statuë.* Et dans un autre endroit, parlant d'Euphorbe, il dit, *Que sa beauté a gagné le cœur des Grecs, & qu'il estoit si approchant de la Beauté d'une Statuë, qu'on l'auroit pris pour Apollon.* Et encore plus bas, parlant de la beauté de Neoptoleme, & de la ressemblance qu'il avoit avec son pere Achille, dit, *Qu'en beauté son pere avoit autant d'avantage sur luy que les Statuës en ont sur les beaux hommes:* Ce qui se doit entendre des plus belles Statuës; d'autant que parmy le grand nombre d'Ouvriers qui estoient dans la Grece & dans l'Italie, il n'est pas possible qu'il n'y en ait eu de méchans, ou plustost de moins habiles; car bien que leurs Ouvrages soient beaucoup inferieurs à ceux de la premiere classe, on y remarque neantmoins un je ne sçay quoy de grand, & une harmonieuse distribution

Versu 397.

dans les parties : Ce qui fait assez connoistre, qu'il y avoit en ce temps-là des Principes communs à tous les Ouvriers, & que chacun s'en servoit selon sa capacité & son Genie. Ces Statuës estoient un des plus grands ornemens de la Grece; il n'y a qu'à ouvrir le Livre de Pausanias pour en voir la quantité prodigieuse, soit au dedans, ou au dehors des Temples, soit dans les carrefours & les places publiques, soit mesme dans les campagnes & dans les Tombeaux. On en erigeoit aux Muses, aux Nimphes, aux Heros, aux grands Capitaines, aux Magistrats, aux Philosophes, aux Poëtes : On en erigeoit enfin à tous ceux qui s'estoient signalez, ou pour la défense de leur Patrie, ou pour quelque grande action digne de recompense; car c'estoit la maniere la plus ordinaire & la plus autentique dont usoient les Grecs & le Peuple Romain pour témoigner leur gratitude. Les Romains dans la Conqueste de la Grece, en transporterent non seulement les plus belles Statuës ; mais en amenerent les meilleurs Ouvriers, qui en instruisirent d'autres, & qui ont laissé à la Posterité des marques eternelles de leur sçavoir; comme nous le voyons par ces admirables Statuës, ces Vases, ces Bas-reliefs, & ces belles Colomnes Trajane & Antoniane. Ce sont toutes ces Beautez, que nostre Auteur nous propose pour Modeles, & comme les veritables Sources de la Science, où il faut que les Peintres & les Sculpteurs aillent puiser eux-mesmes, sans s'amuser aux ruisseaux quelquesfois bien troubles & bien boüeux, je veux dire, à la Maniere de leurs Maistres, apres laquelle ils vont rampans, & dont pour l'ordinaire ils ne veulent pas se departir, ou

E iij

par negligence, ou par la baſſeſſe de leur Genie. Il n'appartient qu'aux eſprits peſans (dit Cice- *ron) de s'amuſer aux ruiſſeaux, & de ne point rechercher les ſources, d'où coulent toutes cho- ſes en abondance.*

<small>Liv. 1. de Ora- tore.</small>

¶ 40. [*Sans laquelle tout n'eſt qu'une barbarie aveugle, &c.*] Tout ce qui n'a rien du gouſt An- tique s'appelle Maniere Barbare, ou Maniere Gottique, laquelle ne ſe conduit par aucune Re- gle; mais par un caprice bas, & qui n'a rien de noble. Il faut remarquer icy que les Peintres ne ſont pas obligez de ſuivre l'Antique auſſi exactement que les Sculpteurs, parce que leurs figures ſentiroient trop la Statuë, & paroi- ſtroient ſans mouvement. Pluſieurs Peintres, meſme des plus habiles, croyant bien faire, & prenant ce precepte trop à la lettre ſont tom- bez dans ces inconveniens. Il faut donc que les Peintres ſe ſervent de l'Antique avec diſcre- tion, & qu'ils y accommodent tellement le Na- turel, qu'il ſemble que leurs Figures toutes vi- vantes ayent pluſtoſt ſervy de modele pour les Antiques, que les Antiques pour leurs figures. Il ſemble que Raphaël ſe ſoit parfaitement ſervy de cette conduite, & que les Lombards n'ayent veu l'Antique preciſément, que pour apprendre à faire un bon choix du Naturel, & pour donner de la Grace & de la Nobleſſe à tout ce qu'ils ont fait, par une idée generale & con- fuſe qu'ils avoient de ces belles choſes; car du reſte ils ſe ſont aſſez licentiez, à la reſerve du Titien, qui de tous les Lombards a le plus con- ſervé de Pureté dans ſes Ouvrages. Cette Ma- niere Barbare dont je viens de parler a eſté fort en regne depuis 611. juſqu'à 1450. Ceux qui ont commencé à rétablir la Peinture en Allemagne (parce qu'ils n'avoient rien veu de ces beaux restes de l'Antiquité) ont beaucoup tenu de cette Barbarie; entre autres Lucas de Leyde, homme fort laborieux, & qui avec ses éléves a infecté presque toute l'Europe par ses Desseins de Tapisseries, lesquelles sont appellées par les ignorans, Tapisseries Antiques : (on leur fait bien de l'honneur) & sont estimées comme belles par la pluspart du monde. Ie vous avoüe que je suis surpris d'une ignorance si grossiere, & que nos François ayent si mauvais goust que de se faire des beautez aussi fades & aussi niaises que sont ces sortes de Tapisseries. Albert Durer ce fameux Allemand, & contemporain de Lucas, a eu pareillement le mal-heur de donner dans cette méchante maniere, pour avoir esté privé de la veüe de ces belles choses. Voicy ce qu'en dit Vazare dans la Vie de Marc-Antoine, apres l'avoir loüé sur sa graveure & sur ses autres talens : *Et dans la verité si cét homme si rare, si exact, & si universel avoit eu la Toscane pour patrie, comme il a eu la Flandre, & qu'il eust pû étudier d'apres les belles choses que l'on voit dans Rome, comme nous avons fait nous autres, il auroit esté le meilleur Peintre de toute l'Italie ; de mesme qu'il a esté le Genie le plus rare & le plus celebre qu'ayent jamais eu les Flamans.*

¶ 45. [*Nous aymons ce que nous connoissons,&c.*] Cette periode veut dire : Que quoy que nous soyons les mieux intentionnez du monde, que la naissance nous ait pourveus d'un beau Genie, & que nous en suivions la pente, ce n'est pas encore assez ; il faut que nous apprenions avec soin à connoistre ce qui est le Beau & le parfait dans la Nature, afin que nous le puissions imiter apres l'avoir trouvé, & qu'en cela nous nous rendions capables de remarquer les fautes qu'elle fait pour les rejetter, & ne la coppier pas en toutes sortes de sujets, telle qu'elle se presente sans discernement & sans choix.

¶ 50. [*Comme l'Arbitre souverain de son Art.*] Ce mot, d'Arbitre souverain, presuppose un Peintre pleinement instruit de toutes les Parties de la Peinture ; en sorte que s'estant mis comme au dessus de son Art, il en soit le Maistre & le Souverain : ce qui n'est pas une petite affaire. Ceux de la Profession ont si rarement cette supreme capacité, qu'il s'en trouve bien peu qui puissent estre de bons Iuges des Ouvrages, & que je ferois souvent plus d'estat de l'avis d'un homme de bon sens qui n'auroit jamais manié le Pinceau, que de celuy de la pluspart des Peintres. Tous les Peintres peuvent donc estre Arbitres de leur Art ; mais pour estre souverains Arbitres, il n'appartient qu'aux sçavans Peintres.

¶ 52. [*Les beautez fuyantes & passageres*] ne sont autres, que celles que nous remarquons dans la Nature pour tres-peu de temps, & qui ne sont pas fort attachées à leurs sujets ; telles sont les Passions de l'Ame. Il y a de ces sortes de beautez qui ne durent qu'un moment, comme les mines differentes que fera une assemblée à la veuë d'un spectacle impreveu & non commun; quelque particularité d'une Passion violente, quelque action faite avec grace, un souris, une œillade, un mépris, une gravité, & mille autres choses semblables. On peut encore mettre au nombre des beautez passageres, les beaux nuagés, tels qu'ils sont ordinairement apres la pluye ou apres le tonnere.

54. [*De mesme que la seule Pratique, &c.*] On voit dans Quintilien que Pytagore disoit, que la Theorie n'estoit rien sans la Pratique, & que la Pratique n'estoit rien sans la Theorie. *Et le moyen* (dit Pline le Ieune) *de retenir ce qu'on vous a montré, si vous ne le mettez en pratique.* On n'appelleroit point Orateur un homme qui auroit les plus belles pensées du monde, & qui sçauroit toutes les Regles de la Rhetorique, s'il ne s'estoit encore acquis par l'exercice, l'art de s'en servir, & d'en composer d'excellens discours. La Peinture est un long pelerinage; vous avez beau faire tous les preparatifs necessaires pour vostre voyage, vous avez beau vous informer des passages difficiles, si vous ne vous mettez en chemin, & que vous ne marchiez à grands pas, vous n'y arriverez jamais : Et comme il seroit ridicule de vieillir dans l'estude de chaque Partie necessaire à un Art qui embrasse tant de choses ; aussi de mettre la main à l'œuvre sans les sçavoir, ou bien apres les avoir trop legerement passées, c'est s'exposer à la risée des Connoisseurs, & faire voir qu'on n'est guere sensible à la gloire. Plusieurs disent qu'il n'y a qu'à travailler pour devenir habile, & que la Theorie ne fait qu'embarasser l'esprit & retenir la main: Ces gens-là font justement comme les Escureüils qui tournent la roüe qui leur sert de cage; ils courent bien viste, ils se lassent fort, & n'avancent point du tout. *Il ne suffit pas pour bien faire d'aller viste* (dit Quintilien) *mais pour aller viste, il suffit de bien faire* : C'est une méchante excuse de dire, Ie n'y ay esté que tres-

peu de temps. Cette belle facilité, ce feu celeste qui donne l'esprit à l'Ouvrage, ne vient pas tant d'avoir souvent fait, que d'avoir bien entendu ce que l'on a fait. Voyez ce que je dis sur le 51. Precepte, qui est de la Facilité. Il y en a d'autres, qui croyent les Preceptes & la Theorie absolument necessaires : Mais comme ils ont esté mal instruits, & que ce qu'ils sçavent les broüille plûtost qu'il ne les éclaire, ils s'arrestent souvent tout cour, & s'ils font quelque Ouvrage, ce n'est pas sans chagrin & sans peine : Et dans la verité, ils sont d'autant plus dignes de compassion, qu'ils sont bien intentionnez ; & s'ils n'avancent pas tant que d'autres, & qu'ils demeurent quelque-fois tout court, je les trouve fondez en quelque sorte de raison : car il est du bon sens de n'aller pas si viste, quand on se croit égaré, ou que l'on doute du chemin que l'on doit tenir. D'autres au contraire, estant instruits des bonnes Maximes & des bonnes Regles de l'Art, apres avoir fait de fort belles choses, les gastent ensuite à force de vouloir mieux faire, & s'enyvrent tellement de leur Ouvrage à force d'estre dessus, qu'ils se laissent tromper par l'apparence d'un bien imaginaire. *Apelle admirant un jour le prodigieux travail qu'il voyoit dans un Tableau de Protogene, & connoissant combien il avoit sué à le faire, dit que Protogene & luy estoient bien d'égale force, & qu'il luy cedoit même en quelque Partie : mais qu'il le surpassoit en ce que Protogene ne pouvoit se tirer de dessus son Ouvrage, & disoit comme par un Precepte qu'il vouloit que tous les Peintres imprimassent bien avant dans leur memoire, Qu'à force de chercher & de vouloir terminer les choses, on se*

Pline 35. 10.

sur l'Art de Peinture.

faisoit souvent un prejudice tres-notable. Il y en a (dit Quintilien) qui ne se satisfont jamais, & qui ne sont pas contens de l'expression qui s'est rencontrée la premiere ; ils veulent tout changer, en sorte qu'on ne reconnoisse plus rien de leur premiere Idée. On en voit d'autres (continuë-t'il) qui ne peuvent se croire eux-mesmes, ny se determiner, & qui estant, pour ainsi dire, brouillez avec leur Genie, s'imaginent que c'est une loüable exactitude, que de former des difficultez dans son Ouvrage ; & en verité c'est une chose assez difficile, de dire lesquels de ceux-là pechent plus griévement, ou de ceux qui sont amoureux de tout ce qu'ils produisent, ou de ceux à qui rien ne plaist. Car il est arrivé à de Ieunes-hommes, souvent mesme à ceux qui avoient le plus d'esprit, de le consumer & de le perdre dans la peine, qu'ils se sont donnée, & d'estre tombez jusques dans l'assoupissement par le trop grand desir de bien faire. Voicy comme on doit se comporter en semblables rencontres. Il faut à la verité faire tout nostre possible pour mettre les choses dans la derniere perfection : mais neantmoins que ce soit selon nostre portée & selon nostre Verve : car pour s'avancer, il est bien vray qu'il faut du soin & de l'estude ; mais cette estude ne doit pas estre mêlée d'opiniâtreté ny de chagrin : C'est pourquoy, si le vent nous est favorable, il y faut donner les voiles, & il arrivera quelque-fois que nous suivrons des mouvemens où la chaleur a plus de pouvoir que le soin & l'exactitude : pourveu que nous n'abusions pas de cette licence, & que nous ne nous y laissions pas tromper : car toutes nos productions nous plaisent au moment de leur naissance.

10. 3.

¶ 61. [*Veu que les plus belles choses ne se peuvent souvent exprimer faute de termes.*] J'ay appris de la bouche de Monsieur du Fresnoy, qu'il avoit plusieurs fois oüi dire au Guide, Qu'on ne pouvoit donner de Preceptes des plus belles choses, & que les connoissances en estoient si cachées, qu'il n'y avoit point de maniere de parler qui les pût découvrir. Cela revient assez à ce que dit Quint. *Les choses incroyables n'ont point de paroles pour estre exprimées, il y en a quelquesunes qui sont trop grandes & trop relevées, pour pouvoir estre comprises dans le discours des hommes.* D'où vient que les Connoisseurs, quand ils admirent un beau Tableau, semblent y estre collez; & quand ils en reviennent, vous diriez qu'ils auroient perdu l'usage de la parole.

Declam. 19.

Pausiaca torpes insane Tabella. dit Horace. Et Symmachus dit, *Que la grandeur de l'étonnement ne permet pas que l'on donne des loüanges & des applaudissemens.* Les Italiens disent *Opera da stupire*, pour dire qu'une chose est fort belle.

Liv. 2. Sat. 7.
L. 10. ep. 21.

¶ 65. [*Les premiers Exemplaires de l'Art.*] Il entend les plus sçavans & les meilleurs Peintres de l'Antiquité, c'est à dire depuis deux siecles en çà.

¶ 66. [*Cette fureur de Veine.*] Il y a dans le Latin, qui ne produit que des monstres, c'est à dire des choses hors de la vraye-semblance, comme il se voit assez souvent dans les Oeuvres de Pietre Teste. *Il arrive souvent* (dit un Autheur grave) *que quelques-uns s'imaginans estre poussez d'une fureur divine, bien loin de se porter dans des fureurs de Bacchantes, tombent dans des badineries veritablement pueriles.*

Dionysius Longinus.

¶ 68. [*Un sujet beau & noble, qui estant de soy-mesme capable &c.*] La Peinture est non seulement divertissante & agreable, mais elle est encore comme un Memorial de tout ce qui s'est passé de plus beau dans l'Antiquité, nous remettant l'Histoire devant les yeux, comme si elle se passoit effectivement; jusques là mesme, qu'à la veüe des Tableaux où les belles actions sont representées, nous nous sentons piquez d'honneur de nous rendre capables de quelque chose de semblable, de mesme que si nous avions leu quelque belle Histoire. La beauté du Sujet donne de l'amour & de l'admiration pour le Tableau, comme le beau Tableau fait entrer dans le Sujet qu'il represente, & l'imprime plus avant dans l'esprit & dans la memoire. Ce sont deux chaisnons engagez l'un dans l'autre, qui contiennent & qui sont contenus, & dont la matiere doit estre également precieuse.

¶ 73. [*Qui soit plein de sel.*] *Aliquid salis,* Quelque chose d'ingenieux, de fin, de piquant, d'extraordinaire, d'un goust relevé & qui soit propre à instruire & à éclairer les esprits. *Il faut que les Peintres fassent comme les Orateurs* (dit Ciceron) *qu'ils instruisent, qu'ils divertissent, & qu'ils touchent*: & c'est proprement ce que veut dire ce mot de Sel. De opt. gen. Orat.

¶ 74. [*Où il faut disposer toute la Machine de vostre Tableau.*] Ce n'est pas sans raison ny par hazard que nostre Autheur se sert du mot de Machine. Vne Machine est un juste assemblage de plusieurs pieces pour produire un mesme effet. Et la disposition dans un Tableau n'est autre chose qu'un asséblage de plusieurs Parties, dont on doit prevoir l'accord & la justesse, pour produire un bel effet, comme vous verrez dans le 4. Precepte, qui est de l'Oeconomie ; aussi l'appelle-t'on autrement Composition, qui veut dire la distribution & l'agencement des choses en general & en particulier.

¶ 75. [*Qui est justement ce que nous appellons Invention.*] Nostre Autheur établit trois Parties de la Peinture, l'Invention, le Dessein, & la Couleur, qu'il appelle autrement Cromatique. Plusieurs Autheurs qui ont écrit de la Peinture, en multiplient les Parties comme il leur plaist; & sans m'amuser à vous en faire icy la discution, je vous diray qu'il n'y en a point qui ne se rapporte aux trois que je viens de vous nommer: c'est pourquoy j'en estime la division plus juste. Et comme ces trois Parties sont essentielles à la Peinture, nul ne peut se dire veritablement Peintre, s'il ne les possede toutes à la fois ; de même qu'on ne peut pas donner le nom d'Homme à ce qui n'est pas composé d'un Corps, d'une Ame, & de la Raison, qui sont trois parties qui le forment necessairement. Comment donc ceux-là pourront-ils pretendre à la qualité de Peintre, qui ne font que copier, ou dérober les Ouvrages d'autruy, qui y mettent toute leur industrie, & qui veulent avec cela passer pour habiles ? Et ne dites pas que plusieurs grands Peintres en ont usé de la sorte : Car il seroit aisé de vous répondre, qu'ils auroient beaucoup mieux fait de s'en abstenir, que cét endroit n'augmente pas leur gloire & ne fait pas le plus beau de leur vie. Disons donc, qu'il n'y a point de Peintre qui ne doive s'acquerir cette belle Partie, autrement c'est n'avoir point de cœur & n'oser ce semble paroistre, c'est ramper avec bassesse, & mériter ce juste reproche, *O Imitatores servum pecus.* Il est des Peintres à l'égard de leurs productions, comme des Orateurs : les commencemens coûtent toûjours beaucoup : mais il vaut mieux exposer ses Ouvrages à la censure à quinze ans, que de rougir à cinquante. Il faut donc que le Peintre commence de bonne heure à produire de luy-mesme, & qu'il s'y accoûtume par l'exercice : car tant qu'il craindra de tomber en s'élevant, il demeurera toûjours par terre. Voyez l'Observation suivante.

¶ 76. [*C'est une Muse qui estant pourveuë des autres avantages de ses Sœurs, &c.*] L'on prend ordinairement les Attributs des Muses pour les Muses mesmes ; & c'est dans ce sens-là que l'Invention est appellée une Muse. Les Autheurs attribuent à chacune en particulier les Sciences qu'elles ont, disent-ils, inventées, & en general, les belles Lettres ; parce qu'elles contiennent presque toutes les autres. Ces Sciences sont les avantages dont parle nostre Autheur, & dont il voudroit qu'un Peintre fust suffisamment pourveu. Et dans la verité il n'y en a pas un, pour peu qu'il ait d'esprit, qui ne connoisse & qui ne sente par luy-mesme combien les Lettres sont necessaires pour échauffer le Genie, & pour le perfectionner. Et la raison de cela est, que ceux qui ont étudié, ont non seulement veu & appris quantité de belles choses dans leurs Estudes, mais encore qu'ils se sont acquis par l'exercice une grande facilité de profiter de la lecture des bons Autheurs. Ceux qui veulent faire profession de la Peinture, se feront des tresors de leur lecture, & y trouveront de merveilleux moyens de s'élever infiniment au dessus des autres qui ne font que ramper, ou s'ils s'élevent, ce n'est que pour tomber de plus haut, puis qu'ils se servent des aîles d'autruy, dont ils ne sçavent pas l'usage ny la force. Il est vray qu'aujourd'huy ce n'est guere la mode qu'un Peintre soit si sçavant ; & que si l'on voyoit quelqu'un qui eût, ou des Lettres ou de l'esprit, se porter à la Peinture, la plusart du monde ne manqueroit jamais de dire, Que c'est un grand dommage, & que ce Ieune-homme-là auroit fait quelque chose dans la Pratique, dans les Finances, ou dans quelque maison de qualité : tant la destinée de la Peinture est miserable dans ces derniers Siecles. Par les Lettres ce n'est pas tant les Langues Grecques & Latines que l'on entend, comme la lecture des bons Autheurs, & l'intelligence des choses qui y sont traitées : de sorte que la plusart des bons Livres estant traduits, il n'y a pas un Peintre qui ne puisse pretendre en quelque façon aux belles Lettres.

Les Livres, à mon avis, les plus utiles à ceux de la Profession, sont

La Bible.

L'Histoire des Iuifs de Iosephe.

L'Histoire Romaine de Coeffeteau, & celle de Tite Live de la Traduction de Vigenere, avec des Remarques qui sont tres-curieuses & tres-utiles. Il y en a deux Volumes.

Homere, que Pline appelle la source des Inventions & des belles Pensées.

L'Histoire Ecclesiastique de Godeau, ou l'Abregé de Baronius.

Les Metamorphoses d'Ovide traduites par du Rier.

Les

Les Tableaux de Philostrate.

Plutarque, des Hommes Illustres.

Pausanias : mais je doute que cét Autheur soit traduit en François. Il est merveilleux pour donner de belles Idées, & principalement pour les derrieres des Tableaux & pour l'accompagnement des Figures. Cét Autheur avec Homere feroient un mélange des plus agreables, & des plus accomplis.

La Religion des Anciens Romains, par du Choul.

La Colonne Trajane, avec le Discours qui en explique les Figures, & qui instruit des choses que le Peintre doit indispensablement sçavoir. C'est un des principaux & des plus sçavans Livres que nous ayons pour les Modes, les Coûtumes, les Armes, & la Religion des Romains. Iules Romain a fait ses principales estudes sur le marbre mesme.

Les Livres de Medailles.

Les Bas-reliefs de Perrier, & autres, avec leur explication qui est au bas, & qui en donne toute l'intelligence.

L'Art Poëtique d'Horace, à cause du rapport que les Preceptes de la Poësie ont avec ceux de la Peinture.

Et d'autres semblables, qui par leur lecture échauffent l'Imagination.

Certains Romans sont encore bien capables d'entretenir le Genie, & de le fortifier par les belles Idées qu'ils donnent des choses: mais ils sont un peu dangereux, à cause que l'Histoire y est presque toûjours corrompuë.

Il y en a d'autres dont le Peintre se servira lors seulement qu'il en aura besoin dans les rencontres & dans les occasions particulieres; Tels sont

  La Mythologie des Dieux.
  Les Images des Dieux.
  L'Iconologie.
  Les Fables d'Hyginus.
  La Perspective Pratique.
  Et autres.

Il faut donc que ceux qui voudront se rendre celebres dans la Peinture, lisent par intervalle & avec grand soin ces Livres, qu'ils en remarquent ce qu'ils trouveront à propos, & ce qu'ils croiront leur pouvoir servir, qu'ils s'exercent l'Imagination, & qu'ils fassent des esquisses & des legers crayons des Images que la lecture leur aura formées. *La Peinture est comme un feu qui s'entretient par la matiere, qui s'enflâme par le mouvement, & qui s'augmente à mesure qu'il brusle : car la force du Genie ne croist que par l'abondance des choses, & il est impossible de faire un Ouvrage grand & magnifique, si la matiere manque, & si elle n'y est disposée.* Vn Peintre donc qui a du Genie a beau resver & prendre tous les soins imaginables pour faire une belle composition, s'il n'est aydé des estudes dont je viens de parler, tout ce qu'il pourra faire, sera de beaucoup fatiguer son Imagination, & de luy faire voir bien du pays, sans s'arrester à rien qui le puisse satisfaire.

Tous les Livres que je viens de nommer, peuvent servir à toutes sortes de personnes, aussi bien qu'aux Peintres; & ceux qui leur estoient particuliers, ont esté mal-heureusement consu-

Author Dial. de cauf. corr. eloq. c. 36.

mez par les Siecles où l'Impression n'estoit pas encore en usage, & où les Copistes ont vray-semblablement negligé de les transcrire par ignorance, ne se sentans pas capables d'en faire les Figures demonstratives. Cependant il paroist dans les Auteurs que nous en perdons au moins cinquante Volumes. Voyez Pline dans son 35. l. & Franc. Iunius dans le 3. ch. du 2. l. de la Peinture des Anciens. Plusieurs Modernes en ont écrit avec assez peu de succés, faisans de grands circuits sans venir droit au but, & disans beaucoup de choses, pour ne rien dire. Quelques-uns neantmoins s'en sont acquittez assez heureusement, entr'autres Leonard de Vinci (quoy que sans beaucoup d'ordre); Paul Lomasse, dont le Livre est bon pour la plus grande partie, mais dont le discours est un peu trop diffus & trop ennuyant; Iean Baptiste Armenini, Franciscus Iunius, Monsieur de Chambray, dont je vous invite de lire au moins la Preface: Il ne faut pas icy oublier ce que Monsieur Felibien a écrit sur le Tableau d'Alexandre de la main de Monsieur le Brun; outre que cét Ecrit est fort eloquent, les fondemens qu'il établit pour faire un beau Tableau sont tres-solides.

Voila à peu prés la Bibliotheque d'un Peintre, & les Livres qu'il doit lire ou se faire lire, à moins qu'il ne veuille se contenter de posseder la Peinture comme le plus sale de tous les Métiers, & non comme le plus noble de tous les Arts.

¶ 78. [*Il est fort à propos en cherchant, &c.*] Voicy le plus important Precepte de tous ceux de la Peinture. Il appartient proprement au Peintre seul, & tous les autres sont empruntez;

ou des Letttes, ou de la Medecine, ou des Mathematiques, ou enfin des autres Arts : car il suffit d'avoir de l'esprit & des Lettres, pour faire une tres-belle Invention : Pour desseigner, il faut de l'Anatomie ; un Mathematicien mettra fort bien les bâtimens & autres choses en Perspective, & les autres Arts apporteront de leur costé ce qui est necessaire pour la matiere d'un beau Tableau : Mais pour l'œconomie du Tout-ensemble, il n'y a que le Peintre seul qui l'entende ; parce que la fin du Peintre est de tromper agreablement les yeux : ce qu'il ne fera jamais, si cette Partie luy manque. Vn Tableau peut faire un mauvais effet, lequel sera d'une sçavante Invention, d'un Dessein correct, & qui aura les Couleurs les plus belles & les plus fines : Et au contraire, on en peut voir d'autres mal Inventez, mal Desseignez, & peints de Couleurs les plus communes, qui feront un tres-bon effet, & qui tromperont beaucoup davantage.

In Oeconomico. *Rien ne plaist tant à l'homme que l'Ordre* (dit Xenophon.) Et Horace dans son Art :

Singula quæque locum teneant sortita decenter.

Ce Precepte est proprement l'usage & l'application de tous les autres : c'est pourquoy il demande beaucoup de Iugement. Il faut donc tellement prevoir les choses, que vostre Tableau soit peint dans vostre teste devant que de l'estre sur la toile. *Quand Menandre* (dit un

Comm. vetus. Autheur celebre) *avoit disposé les Scenes de sa Comedie, il la tenoit faite, quoy qu'il n'en eust pas commencé le premier Vers.* Il est certain que ceux qui ont cette prevoyance, travaillent avec un plaisir & une facilité incroyables ; & les autres au contraire ne font que changer & rechanger leur Ouvrage, qui ne leur laisse au bout du conte que du chagrin. Il me semble que ces sortes de Tableaux font parfaitement ressouvenir de ces vieux Châteaux Gottiques faits à plusieurs reprises, & qui ne tiennent ensemble que par lambeaux differens.

On peut inferer de ce que je viens de dire, que l'Invention & la Disposition sont deux Parties differentes. En effet, quoy que la derniere dépende de l'autre, & qu'elle y soit communément comprise, il faut cependant bien se garder de les confondre: L'Invention trouve simplement les choses, & en fait un choix convenable à l'Histoire que l'on traite; & la Disposition les distribuë chacune à sa place quand elles sont inventées, & accommode les Figures & les Grouppes en particulier, & le Tout-ensemble du Tableau en general; en sorte que cette Oeconomie produit le mesme effet pour les yeux, qu'un Consert de Musique pour les oreilles.

Il y a une chose de tres-grande consequence à observer dans l'Oeconomie de tout l'Ouvrage, c'est que d'abord l'on reconnoisse la qualité du Sujet, & que le Tableau du premier coup d'œil, en inspire la Passion principale: par exemple, si le Sujet que vous avez entrepris de traiter, est de joye, il faut que tout ce qui entrera dans vostre Tableau contribuë à cette Passion, en sorte que ceux qui le verront en soient aussi-tost touchez. Si c'est un Sujet lugubre, tout y ressentira la tristesse; & ainsi des autres Passions & qualitez des Sujets.

¶ 81. [*Que vos Compositions soient conformes au, &c.*] Il faut prendre garde que les licences des Peintres soient plûtost pour orner l'Histoire

Dans son Art. que pour la corrompre. Et si *Horace* permet aux *Peintres & aux Poëtes de tout oser*, ce n'est pas pour faire des choses hors de la vraye-semblance : car il adjoûte aussi-tost : *Mais que cela n'aille pas jusqu'à mesler la douceur avec la rudesse, l'humanité avec la rigueur, à faire produire des serpens aux oiseaux, & à mesler les Agneaux parmi les Tygres.* Les pensées d'un homme qui a l'esprit sain ne sentent pas les rêveries & les songes, il n'y a que les malades capables d'en faire. Traitez donc les Sujets de vos Tableaux avec toute la fidelité possible ; & vous servez hardiment de vos Licences, pourveu qu'elles soient ingenieuses, & non pas immoderées & extravagantes.

¶ 83. [*Donnez-vous de garde que ce qui ne fait rien au Sujet, &c.*] Rien n'affadit tant la composition d'un Tableau que les Figures qui ne font rien au Sujet : on les peut appeller fort plaisamment des Figures à loüer.

¶ 87. [*Cette Partie si rare, &c.*] C'est à dire l'Invention.

¶ 89. [*Que déroba Promethée.*] Les Poëtes feignent que Promethée forma avec de la boüe une Statue si belle, que Minerve l'ayant un jour long-temps admirée, dit à l'Ouvrier, Que s'il croyoit qu'il y eust quelque chose dans les Cieux qui pût rendre sa Statue plus parfaite, qu'il pouvoit le demander : Mais luy ne sçachant ce qu'il y avoit de plus beau dans ce Sejour des Dieux, demanda à y estre transporté, pour en faire le choix. La Déesse l'y enleva dans son Bouclier ; & si-tost qu'il eut veu, que toutes les choses celestes estoient animées par un Feu, il en déroba une parcelle qu'il apporta en terre, &

l'appliquant sur l'estomac de sa Statuë, il en rendit tout le corps animé.

¶ 92. [*Il n'est pas permis à tout le monde d'aller à Corinthe.*] C'est un ancien Proverbe, pour dire, Tout le monde n'a pas le Genie, ny la disposition qu'il faut pour les Sciences, ny la capacité pour les choses grandes & difficiles. Corinthe estoit autre-fois le centre de toutes les Disciplines, & le lieu où l'on envoyoit tous ceux que l'on vouloit rendre capables de quelque chose: Ciceron l'appelle, *La Lumiere de toute la Grece.* Pro lege Man.

¶ 95. [*Elle arriva à tel point de perfection.*] Ce fut du temps d'Alexandre le Grand, & cela dura jusqu'à Auguste, sous le Regne duquel la Peinture commença beaucoup à déchoir: Mais sous les Empereurs Domitien, Nerva, & Trajan, elle parut dans son premier lustre, lequel dura jusqu'au temps de l'Empereur Phocas, où les vices l'emportant par dessus les Arts, & la guerre s'estant allumée par toute l'Europe, & specialement dans la Lombardie par l'irruption des Huns, la Peinture fut entierement éteinte. Et si quelqu'un dans les Siecles suivans s'est efforcé de la faire revivre, ç'a esté plustost en recherchant les Couleurs les plus brillantes & les plus precieuses, que par la simplicité harmonieuse de ces Illustres Peintres qui les avoient precedez. Enfin dans le quatorziéme Siecle il s'en trouva qui commencerent à la mettre sur pied; & on peut dire que sur la fin du quinziéme & au commencement du seiziéme elle parut avec beaucoup d'éclat par un grand nombre d'Habiles Gens de tous les endroits de l'Italie, qui la possedoient parfaitement. Depuis ce

Siecle si heureux & si fecond pour les beaux Arts, nous avons encore eu des Peintres sçavans, mais en tres-petit nombre, à cause du peu d'inclination que les Souverains ont eu pour la Peinture : Mais grace au Zele de nostre Grand Monarque, & aux soins de son Premier Ministre, nous l'allons revoir plus florissante que jamais.

¶ 102. [*Quoy qu'on ne s'en soit pas si fort éloigné.*] Il entend parler de Michelange & des autres habiles Sculpteurs de ce temps-là.

¶ 103. [*C'est donc dans leur Goust, qu'on choisira une Attitude.*] Voicy la seconde Partie de la Peinture, qu'on appelle Dessein. Comme les Anciens ont recherché autant qu'il se peut, tout ce qui contribuë à former un beau Corps, aussi ont-ils diligemment examiné ce qui fait à la Beauté des belles Attitudes, comme leurs Ouvrages nous le témoignent.

¶ 104. [*Dont les Membres soient Grands.*] Non pas en sorte qu'ils excedent la juste proportion : mais c'est à dire, que dans une belle Attitude les Membres du Corps les plus grands doivent plûtost paroistre, que les petits : c'est pourquoy dans un autre endroit, il défend autant que l'on pourra les Racourcis, parce qu'ils font paroistre les Membres petits, quoy que d'eux-mesmes ils soient grands.

¶ 104. [*Amples,*] pour eviter la Maniere seiche & maigre, comme est ordinairement le Naturel, & comme l'ont imitée Lucas & Albert.

¶ 105. [*Inégaux dans leur Position, en sorte que ceux de devant contrastent les autres qui vont en arriere, & soient tous également balancez sur leur centre.*] Les mouvemens ne sont jamais naturels, si les Membres ne sont également balancez sur leur centre; & ces Membres ne peuvent estre balancez sur leur centre dans une égalité de poids, qu'ils ne se contrastent les uns les autres. Vn homme qui danse sur la corde, fait voir fort clairement cette verité. Le Corps est un poids balancé sur ses pieds, comme sur deux pivots; & s'il n'y en a qu'un qui porte, comme il arrive le plus souvent, vous voyez que tout le poids est retiré dessus centralement, en sorte que si par exemple le bras avance, il faut de necessité, ou que l'autre bras, ou que la jambe aille en arriere, ou que le Corps soit tant soit peu courbé du costé contraire, pour estre dans son Equilibre & dans une situation hors de contrainte. Il se peut faire, mais rarement, si ce n'est dans les Vieillards, que les deux pieds portent également; & pour lors, il n'y a qu'à distribuër la moitié du poids sur chaque pied. Vous userez de la mesme prudence, si l'un des pieds portoit les trois quarts du fardeau, & que l'autre portast le reste. Voila en general ce qu'on peut dire de la Balance & de la Ponderation du Corps: du particulier, il y a quantité de choses tres-belles & tres-remarquables à dire; & vous pourrez vous en satisfaire dans Leonard de Vincy; il a fait merveille là-dessus, & l'on peut dire, que la Ponderation est la plus belle & la plus saine partie de son Livre sur la Peinture. Elle commence au CLXXXI. Chapitre, & finit au CCLXXIII. Ie vous conseille de voir encore Paul Lomasse dans son 6. l. chap. IIII. *Del moto del Corpo humano*, vous y trouverez des choses tres-utiles. Pour ce qui est du Contraste, je vous diray en general, que rien ne donne davantage la grace & la vie aux Figures.

Voyez le XIII. Precepte & ce que je dis deſſus dans les Remarques.

¶ 107. [*Les Parties doivent avoir leurs Contours en Ondes, & reſſembler en cela à la flâme ou au ſerpent.*] La raiſon de cela vient de l'action des muſcles, qui ſont comme les ſceaux du puits, quand il y en a un qui agit & qui tire, il faut que l'autre obeïſſe, de ſorte que les muſcles qui agiſſent ſe retirant toûjours vers leur principe, & ceux qui obeïſſent s'alongeans du coſté de leur inſertion, il s'enſuivra neceſſairement que les Parties ſeront deſſeignées en ondes. Mais prenez garde qu'en donnant cette forme aux Membres, vous ne briſiez les os qui les ſoûtiennent & qui les doivent faire paroiſtre toûjours fermes. Cette Maxime n'eſt pas ſi generale, qu'il ne ſe trouve des actions où les Maſſes des muſcles ſe rencontrent vis à vis l'une de l'autre; mais cela n'eſt pas ſi ordinaire. Les Contours qui ſont en ondes donnent non ſeulement de la grace aux Parties, mais auſſi à tout le Corps, lors qu'il n'eſt ſouſtenu que deſſus une jambe, comme nous le voyons dans les Figures d'Antinoüs, de Meleagre, de la Venus de Medicis, de celle du Vatican, & de deux autres de Borgheze, de la Flore, de la Déeſſe Veſta, des deux Bacchus de Borgheze, & de celuy de Lodoviſe, & enfin de la plus grande partie des Figures Antiques qui ſont debout, & qui poſent davantage ſur un pied que ſur l'autre. Outre que les Figures & leurs Membres doivent preſque toûjours avoir naturellement une forme flamboyante & ſerpentive, ces ſortes de Contours ont un je ne ſçay quoy de vif & de remuant, qui tient beaucoup de l'activité du feu & du ſerpent.

sur l'Art de Peinture.

112. [*Selon la connoissance qu'en donne l'Anatomie.*] Cette Partie n'est guere connuë aujourd'huy parmi nos Peintres; j'en ay fait voir l'utilité & la necessité dans la Preface d'un petit Abregé que j'en ay fait, & que Monsieur Torrebat a mis en lumiere. Ie sçay qu'il y en a qui se font un môstre de cette Science, & qui la croyent inutile, ou parce qu'ils ont l'esprit fort petit, ou parce qu'ils n'ont jamais fait de reflexion sur le besoin qu'ils en ont, & sur son importance, se contentans d'une routine à quoy ils sont accoûtumez : mais de quelque maniere que ce soit, il est certain que quiconque est capable d'avoir cette pensée, ne sera jamais capable d'estre un grand Desseignateur.

113. [*Desseignez à la Grecque.*] C'est à dire, selon les Statuës Antiques, qui pour la pluspart viennent de la Grece.

114. [*Accord des Parties avec leur Tout,*] & *estre bien ensemble,* c'est la mesme chose. Il entend icy parler de la justesse des Proportions & de l'harmonie qu'elles font les unes avec les autres. Plusieurs Autheurs celebres en ont traité à fond, entr'autres Paul Lomasse, dont le premier Livre ne traite d'aucune autre chose, mais il y a tant de subdivisions, qu'il faut avoir bonne teste pour ne s'en pas rebuter. Voicy celles que nostre Autheur a remarquées en general sur les plus belles Antiques : je les croy d'autant meilleures, qu'elles sont conformes à celles que donne Vitruve dans son 3. liv. chap. 1. & qu'il dit avoir apprises des Ouvriers mesmes, puisque dans la Preface de son 7. liv. il fait gloire d'avoir appris des autres, & notamment des Peintres & des Architectes.

Mesures du Corps Humain.

Les Anciens ont donné huit testes à leurs Figures pour l'ordinaire, quoy que quelques-unes n'en ayent que sept. Mais l'on divise la Figure ordinairement en † dix faces, sçavoir depuis le sommet de la Teste jusqu'à la plante des Pieds, en la maniere qui s'ensuit.

† *Cela dépend de l'age & de la qualité des personnes: L'Apollon & la Venus de Medicis ont plus de dix faces.*

Depuis le sommet de la Teste jusqu'au front, est la troisiéme partie de la face.

La face commence à la naissance des plus bas cheveux qui sont sur le front, & finit au bas du menton.

La face se divise en trois parties égales : la premiere contient le front : la seconde le nez : & la troisiéme la bouche & le menton.

Depuis le menton à la fossette d'entre les clavicules, deux longueurs de nez.

De la fossette d'entre les clavicules au bas des mammelles, une face.

† *L'Apollon a un nez de plus.*

† Du bas des mammelles au nombril, une face.

* *L'Apollon a un demi nez de plus. Et la moitié du Corps de la Venus de Med. est au perignon, & non pas aux genitoires. Albert en use ainsi pour toutes les femmes, & je croy qu'il est mieux.*

* Du nombril aux genitoires, une face.

Des genitoires au dessus du genoüil, deux faces.

Le genoüil contient une demie face.

Du bas du genoüil au coude-pied, deux faces.

Du coude-pied au dessous de la plante, demie face.

L'homme étendant les bras, est du plus long doigt de la main droite à celuy de la main gauche, aussi large qu'il est long.

D'un costé des mammelles à l'autre, deux faces.

L'os du bras, dit *Humerus*, est long de deux

sur l'Art de Peinture.

faces depuis l'épaule au bout du coude.

De l'extremité du coude à la premiere naissance du petit doigt, l'os appellé *Cubitus*, avec partie de la main, contient deux faces.

De l'emboëture de l'Omoplate à la fossette d'entre les clavicules, une face.

Si vous voulez trouver vostre compte aux mesures de la largeur, depuis l'extremité d'un doigt à l'autre, en sorte que cette largeur soit égale à la longueur du Corps, il faut remarquer que les emboëtures du coude avec l'Humerus, & de l'Humerus avec l'Omoplate, emportent une demie face lors que les bras sont étendus.

Le dessous du pied est la sixiéme partie de la Figure.

La main est la longueur d'une face.

Le poulce contient un nez.

Le dedans du bras, depuis l'endroit où se pert le muscle qui fait la mammelle appellé Pectoral, jusqu'au milieu du bras, quatre nez.

Depuis le milieu du bras jusqu'à la naissance de la main, cinq nez.

Le plus long doigt du pied a un nez de long.

Les deux bouts des tetins & la fossette d'entre les clavicules de la femme, font un triangle parfait.

Pour les largeurs des Membres, on ne peut pas en donner des mesures bien precises; parce qu'on les change selon la qualité des personnes & selon le mouvement des muscles.

Si vous voulez sçavoir plus en détail les Proportions, voyez-les dans Paul Lomasse, il est bon de les lire au moins une fois, & d'en faire des Remarques chacun selon sa mode & son besoin.

Remarques

117. [*Quoy que la Perspective ne puisse pas estre appellée une Regle certaine, &c.*] C'est à dire, purement d'elle-mesme, sans la prudence & sans la discretion. La pluspart de ceux qui la sçavent, en voulant la pratiquer trop regulierement, font bien souvent des choses qui choquent la veuë, quoy qu'elles soient dans les Regles. Si tous ces grands Peintres, qui nous ont laissé de si beaux Plat-fonds, l'avoient observée dans leurs Figures selon toute la rigueur, ils n'y auroient pas tout-à-fait trouvé leur compte ; ils auroient, si vous voulez, fait les choses plus regulieres : mais fort desagreables. Il y a grande apparence que les Architectes & les Sculpteurs du temps passé ne s'en sont pas toûjours bien trouvez, & n'ont pas suivi le Geometral aussi exactement que la Perspective l'ordonne : car celuy qui voudroit imiter le Frontispice de la Rotonde selon la Perspective, se tromperoit lourdement ; puisque les colomnes qui sont aux extremitez, ont plus de diametre que celles du milieu. La Corniche du Palais Farnese, qui fait un si bel effet d'en bas, de prés n'a point ses justes mesures. Dans la Colomne Trajane nous voyons que les Figures les plus élevées sont plus grandes que celles d'en bas, & font un effet tout contraire à la Perspective, puis qu'elles augmentent à mesure qu'elles s'éloignent. Ie sçay qu'il y a une Regle, qui donne le moyen de les faire de la sorte ; & quoy qu'elle soit dans quelques Livres de Perspective, elle n'est pas pour cela Regle de Perspective ; puis qu'on ne s'en sert que lors seulement qu'on le juge à propos : car si par exemple les Figures qui sont au haut de la Colomne Trajane, n'estoient que de

sur l'Art de Peinture.

la mesme grandeur de celles qui sont au bas, elles ne seroient pas pour cela contre la Perspective; & ainsi l'on peut dire avec plus de raison, que c'est une Regle de Bienseance dans la Perspective, pour soulager la veuë & pour luy rendre les objets plus agreables. C'est sur ce fondement general que l'on peut établir (pour ainsi dire) dans la Perspective des Regles de Bienseance, quand l'occasion s'en rencontre. On en voit encore un exemple dans la Base de l'Hercule de Farnese, lequel n'est point à niveau, mais en pente douce sur le devant, pour ne point cacher aux yeux les pieds de la Figure, afin qu'elle en paroisse plus agreable. Ce que les Illustres Autheurs de ces belles choses ont fait, non pas en mépris de la Geometrie & de la Perspective, mais pour la satisfaction des yeux, qui estoit la fin qu'ils se sont toûjours proposée dans leurs Ouvrages. Il faut donc sçavoir la Perspective comme une chose absolument necessaire, & dont un Peintre ne peut se passer, sans pourtant s'assujettir si fort à elle, que l'on en devienne esclave; Il la faut suivre quand elle nous conduit par un chemin plaisant, & qu'elle nous fait voir des choses agreables : mais l'abandonner pour quelque temps, si elle s'avisoit de nous mener par des bouës & par des precipices. *Cherchez ce qui aide vostre Art & luy convient; fuyez tout ce qui luy repugne*, comme vous dit le LIX. Precepte.

126. [*Que chaque Membre, &c.*] C'est à dire, qu'il ne faut pas mettre la teste d'un Ieune-homme sur le corps d'un Vieillard, ny une main blanche sur un corps hâlé; qu'il ne faut point habiller un Hercule de taffetas, ny un Apollon

de grosse étoffe ; Que les Reynes, les personnes de grande qualité que vous voulez rendre majestueuses, ne soient pas vestuës trop à la legere, non plus que les vieilles gens, & que les Nymphes ne soient pas chargées de Draperies; enfin que tout ce qui accompagnera vos Figures, les fasse reconnoistre pour ce qu'elles sont effectivement.

¶ 128. [*Que les Figures à qui on n'a pû donner la voix, imitent les muets dans leurs actions.*] Les muets n'ayans pas d'autre maniere de parler que leurs gestes & leurs actions, il est certain qu'ils les font d'une façon plus expressive que ceux qui ont l'usage de la parole. La Peinture qui est muette les imitera donc, pour se bien faire entendre.

¶ 129. [*Que la Principale Figure du Sujet, &c.*] L'un des plus grands vices que puisse avoir un Tableau, est de ne pas donner à connoistre de prime-abord le Sujet qu'il represente : & dans la verité rien n'embroüille davantage, que d'en éteindre la Figure Principale, par l'opposition de quelques autres, qui se presentent d'abord à la veuë, & qui brillent beaucoup plus. Vn Orateur qui auroit entrepris de faire un discours sur les loüanges d'Alexandre, & qui employeroit les plus belles Figures de la Rhetorique pour loüer Bucephale, ne feroit rien moins que ce qu'il se seroit proposé; puis qu'on croiroit par-là qu'il auroit plûtost voulu faire le Panegyrique du cheval d'Alexandre, que d'Alexandre mesme. Vn Peintre est comme un Orateur, il faut qu'il dispose les choses en sorte que tout cede à son principal Sujet : & si les autres Figures qui ne font que l'accompagner,

pagner, & qui n'y font qu'accessoires, occupent la principale place, & qu'elles se fassent les plus remarquer, ou par la beauté de leurs Couleurs ou par l'éclat de la Lumiere dont elles sont frappées, elles arresteront tout court la veuë, & ne luy permettront pas d'aller plus loin, qu'apres beaucoup de temps, pour chercher enfin ce qu'elle n'a pas trouvé d'abord. La Figure Principale dans un Tableau, est comme un Roy parmi ses Courtisans, que l'on doit reconnoistre au premier coup d'œil, & qui doit ternir l'éclat de tous ceux qui l'accompagnent. Les Peintres qui en usent autrement, qui la mettent dans l'ombre, ou qui l'enfoncent trop avant dans le Tableau, font justement comme ceux qui en racontant une Histoire, s'engagent imprudemment dans une digression si longue, qu'ils sont contraints de finir par-là, & de conclure par toute autre chose que par leur Sujet.

132. [*Que les Membres soient agrouppez de mesme que les Figures, c'est à dire, &c.*] Ie ne sçaurois vous mieux comparer une Grouppe de Figures, qu'à un Concert de Voix, lesquelles toutes ensemble se soûtenans par leurs differentes Parties, font un Accord qui remplit & qui flatte agreablement l'oreille : mais si vous venez à les separer, & qu'elles se fassent entendre aussi haut l'une que l'autre, elles vous étourdiront tellement, que vous croirez avoir les oreilles déchirées. Il en est de mesme des Figures : si vous les assemblez en sorte que les unes soûtiennent & servent à faire paroistre les autres, & que toutes ensemble s'accordent & ne fassent qu'un Tout, vos yeux seront pleinement satisfaits; que si au contraire vous les separez, vos yeux souf-

G

friront pour les voir toutes enfemble difperſées, ou chacune en particulier ; toutes enſemble, parce que les rayons viſuels ſont multipliez par la multiplicité des Objets; chacune en particulier, parce que ſi vous en voulez regarder une, toutes celles qui ſont autour fraperont & attireront voſtre veuë, qui peine extremement dans cette ſorte de ſeparation & de diverſité d'Objets. L'œil par exemple eſt ſatisfait à la veuë d'un raiſin, & ſe trouve fort embaraſſé, s'il ſe veut porter tout d'un coup ſur tous les grains enſemble, qui en ſeront détachez ſur une table. Il faut avoir le meſme égard pour les Membres : ils ſe grouppent & ſe contraſtent de meſme que les Figures. Peu de Peintres ont bien pris garde à ce Precepte, qui eſt un fondement tres-ſolide pour l'harmonie du Tableau.

¶ 137. [*Il ne faut pas que dans les Grouppes, les Figures ſe reſſemblent dans leurs mouvemens, &c.*] Prenez garde dans ce Contraſte de ne rien faire d'extravagant, & que vos Attitudes ſoient toûjours naturelles. Les Draperies, & tout ce qui accompagne les Figures, peuvent entrer dans le Contraſte avec les Membres, & avec les Figures meſme. Et c'eſt ce qu'entend le Poëte par (*cætera frangant.*)

¶ 145. [*Que l'un des coſtez du Tableau, &c.*] Cette eſpece de Symetrie, quand elle ne paroiſt point affectée, remplit agreablement le Tableau, le tient comme dans l'équilibre, & plaiſt infiniment aux yeux, qui en embraſſent l'ouvrage avec plus de repos.

¶ 152.] *De meſme que la Comedie, &c.*] Annibal Carache ne croyoit pas qu'un Tableau puſt eſtre bien, dans lequel on faiſoit entrer plus de douze Figures : c'est l'Albane qui l'a dit à nostre Autheur, de qui je l'ay appris ; & la raison qu'il en apportoit, estoit premierement qu'il ne croyoit pas qu'on deust faire plus de trois grands Grouppes de Figures dans un Tableau ; & secondement que le Silence & la Majesté y estoient necessaires, pour le rendre beau : ce qui ne se peut ny l'un ny l'autre dans une multitude & dans une foule de Figures. Que si neantmoins vous y estes contraint par le Sujet, comme seroit, un Iugement universel, un Massacre des Innocens, une Bataille, &c. pour lors il faudroit disposer les choses par grandes Masses de Clair-Obscur & d'union de Couleurs, sans s'amuser à finir chaque chose en particulier independamment l'une de l'autre, comme font ceux qui ont un petit Genie, & dont l'esprit n'est pas capable d'embrasser un grand Dessein, ny une grande Composition.

Æmilium circa ludum Faber imus & ungues
Exprimet, & molles imitabitur ære capillos :
Infœlix Operis Summa, quia ponere totum
Nesciet.

L'un des moindres Sculpteurs (dit Horace) *qui travaillent autour du Cirque Emilien, est capable d'exprimer dans le Bronze les ongles & les cheveux : lequel neantmoins ne sera pas assez heureux pour bien terminer son Ouvrage ; parce qu'il n'a pas l'esprit de disposer les Parties, ny d'en faire un beau Tout.* — Dans son Art.

¶ 162. [*Que les extremitez des Iointures soient rarement cachées, & les Pieds jamais.*] Ces extremitez des Iointures sont les emmanchemens des Membres ; Par exemple, les Epaules, les Coudes, les Fesses, & les Genoüils. Et s'il se rencontre une Draperie fur ces Iointures, il eft de la Science & de l'agrément de les marquer par les Plis, mais avec grande difcretion. Pour ce qui eft des Pieds, quoy qu'ils foient cachez par quelque Draperie, fi neantmoins les Plis les marquent & en font voir la forme, ils feront fenfez eftre veus. Le mot de *Iamais* ne doit pas eftre pris icy rigoureufement : Il veut dire, *fi rarement, qu'il femble qu'on doive éviter toutes les occafions qui en difpenfent.*

¶ 164. [*Les Figures qui font derriere les autres, &c.*] Raphaël & Iules R. ont parfaitement obfervé cette Maxime, & fpecialement Raphaël dans fes derniers Ouvrages.

¶ 169. [*Fuyez encore les Lignes & les Contours égaux, qui font des Paralleles, ou d'autres Figures aiguës & Geometrales, comme des, &c.*] Il entend parler principalement des Attitudes & des Membres agencez de forte, qu'ils faffent enfemble les Figures Geometrales qu'il condamne.

¶ 177. [*Ne foyez pas fi fort attaché à la Nature, que, &c.*] Ce Precepte eft contre deux fortes de Peintres. Premierement contre ceux qui font tellement attachez à la Nature, qu'ils ne peuvent rien faire fans elle, qui la copient comme ils la croyent voir, fans y rien adjoûter ny en retrancher la moindre chofe, foit pour le Nud, ou pour les Draperies ; Et fecondement contre ceux qui peignent toutes chofes de Pratique, fans pouvoir s'affujettir à rien retoucher ny examiner fur le Naturel. Ces derniers font proprement des Libertins de Peinture, comme il y en a de Religion, lefquels n'ont pas d'autre Loy que l'impetuofité de leurs inclinations, qu'ils ne veulent pas vaincre, de mesme que les Libertins de Peinture n'ont point d'autre Modele, que la boutade d'un Genie mal reglé, qui les emporte. Quoy que ces deux sortes de Peintres soient & l'un & l'autre dans des extremitez vitieuses, toutefois les premiers me semblent moins insupportables ; parce que s'ils n'imitent pas la Nature accompagnée de toutes ses beautez & de toutes ses graces, au moins imitent-ils une Nature qui nous est connuë & que nous voyons tous les jours : au lieu que les autres nous en font voir une toute sauvage, que nous ne connoissons point, & qui semble estre d'une creation toute nouvelle.

¶ 180. [*Que vous devez toûjours avoir presente comme un témoin de la verité:*] Cét endroit me semble merveilleusement bien dit. Plus un Tableau approche de la verité, & plus il est beau: Et bien que le Peintre qui en est Autheur soit le premier Iuge de cette Beauté, il est neantmoins obligé de ne rien prononcer, qu'apres avoir écouté la Nature, qui est un témoin irreprochable, & qui luy dira ingenuement, mais veritablement les beautez & les deffauts, quand il voudra la comparer avec son Ouvrage.

¶ 188. [*Et tout ce qui fait connoistre les Pensées & les Inventions des Grecs ;*] comme les bons Livres, tels que sont Homere & Pausanias. Les Estampes que nous voyons des choses Antiques peuvent contribuer infiniment à nous former le Genie & à nous donner de belles Idées, de mesme que les Ecrits des bons Autheurs sont capables de former un bon Style à ceux qui veulent bien écrire.

¶ 193. [*Si vous n'avez qu'une Figure à trai-*

ter, il faut, &c.] La raison de cecy est, que rien n'attirant la veuë que cette seule Figure, les rayons visuels ne seront pas trop partagez par la diversité de ses Couleurs & de ses Draperies ; mais prenez seulement garde de n'y rien mettre de trop acre & de trop dur, & souvenez-vous du quarante-uniéme Precepte, qui dit, *Que jamais deux extremitez contraires ne se touchent, soit en Couleur, soit en Lumiere ; mais qu'il y ait un milieu participant de l'un & de l'autre.*

¶ 195. [*Que les Draperies soient jettées noblement, & que les Plis en soient amples ;*] comme l'a pratiqué Raphaël depuis qu'il eut quitté la Maniere de Pietre Perugin, & principalement dans ses derniers Ouvrages.

¶ 196. [*Et qu'ils suivent l'ordre des Parties,*] comme nous le montrent les plus belles Antiques : & prenez garde que les Plis non seulement suivent l'ordre des Parties, mais qu'ils marquent encore les Muscles les plus considerables : parce que les Figures, dont on voit les Draperies & le Nud tout ensemble, ont bien plus de grace que les autres.

¶ 200. [*Sans y estre trop adherens & collez.*] Les Peintres ne doivent pas imiter les Antiques dans cette circonstance. Les Anciens Sculpteurs ont fait leurs Draperies de linge moüillé, exprés pour les rendre collées & adherantes aux Parties de leurs Figures : en quoy ils ont eu tres-grande raison, & en quoy les Peintres auroient tort de les suivre ; & voicy pourquoy : Ces grands Genies de l'Antiquité voyant qu'il estoit impossible d'imiter avec le Marbre la qualité des Etoffes, qui ne se reconnoist que par les Couleurs, les Reflets, mais plus encore par les Lumieres

& les Ombres ; se voyant, dis-je, hors de pouvoir de disposer de ces choses, ont crû qu'ils ne pouvoient mieux faire ny plus sagement, que de se servir de Draperies, qui n'empéchassent point de voir au travers de leurs Plis la delicatesse de la chair & la pureté des Contours, choses à la verité qu'ils possedoient dans la derniere perfection, & qui apparamment avoient esté le sujet de leur principale étude. Mais les Peintres au contraire, qui doivent tromper la veuë tout autrement que les Sculpteurs, sont obligez d'imiter les Etoffes differentes, telles que le Naturel leur montre, & que les Couleurs, les Reflets, les Lumieres, & les Ombres (dont ils sont Maistres) les peuvent faire. Aussi voyons-nous que ceux qui ont imité de plus prés la Nature, se sont servis des Etoffes que nous avons accoûtumé de voir, & les ont imitées avec tant d'art, qu'en les voyant, nous sommes ravis qu'elles nous trompent : Tels ont esté le Titien, Paul Veronese, le Tintoret, Rubens, Vandeik, & les autres bons Coloristes, qui ont de plus prés approché de la verité. Au lieu que les autres, qui se sont entierement attachez à l'Antique pour les Draperies, ont rendu leurs Ouvrages cruds & arides, & ont trouvé par ce moyen le secret de faire leurs Figures beaucoup plus dures que le marbre mesme : comme ont fait André Manteigne & Pietre Perugin, duquel Raphaël a beaucoup tenu dans ses premiers Ouvrages, dans lesquels nous voyons quantité de petits Plis repetez, qui semblent estre autant de cordes. Il est vray que l'on voit ces repetitions dans les Antiques, mais fort à propos ; parce que voulant se servir de linges moüillez & de Draperies collées, pour faire paroistre leurs Figures plus tendres, ils ont fort bien preveu que les membres seroient trop nuds, s'ils n'y laissoient que deux ou trois Plis peu sensibles, tels que les donnent ces sortes de Draperies; & ainsi ils ont usé de repetition, en sorte neantmoins que les Figures en sont toûjours tendres & doüillettes, & semblent par-là contrarier la dureté du Marbre. Ioignez à cela, qu'en Sculpture il est presque impossible qu'une Figure vestuë de grosses Draperies puisse faire un bel effet de tous les costez, & qu'en Peinture les Draperies, de quelle nature qu'elles soient, sont d'une utilité merveilleuse, ou pour lier les Couleurs & les Grouppes, ou pour se donner un Fond tel qu'on le souhaite pour unir ou pour détacher; soit encore pour faire naistre des Reflets avantageux, ou pour remplir les Vuides; soit enfin pour mille autres utilitez, qui aydent à tromper la veüe, & qui ne sont aucunement necessaires aux Sculpteurs, puisque leur Ouvrage est toûjours de relief.

L'on peut inferer trois choses de ce que je viens de dire sur le Precepte des Draperies. Premierement, Que les Anciens Sculpteurs ont eu raison de drapper leurs Figures de la maniere que nous les voyons. 2. Que les Peintres les doivent imiter pour l'ordre des Plis, mais non pas pour la qualité ny pour le nombre. 3. Que les Sculpteurs sont obligez de les suivre autant qu'ils pourront, sans vouloir imiter inutilement & mal à propos la Maniere des Peintres, & faire des Plis grands, larges & épais, qui ne font que des duretez insupportables, & qui ressemblent plûtost à un rocher, qu'à une veritable Etoffe. Voyez la Remarque 211. sur le milieu.

sur l'Art de Peinture. 105

202. [*Et si ces Parties se trouvent trop écartées l'une de l'autre, en sorte, &c.*] C'est afin d'empescher, comme il a esté dit dans le Precepte des Grouppes, que les rayons visuels ne se divisent trop, & que les yeux ne souffrent en voyant tant d'objets separez. Le Guide a esté fort exact dans cette observation. Voyez dans le texte la fin de ce Precepte des Draperies, ¶ *Il sera bon quelque-fois, &c.*

204. [*Et comme la beauté des Membres ne consiste pas dans, &c.*] Raphaël dans ses commencemens a un peu trop multiplié les Plis; à cause que s'estant avec raison laissé charmer de la beauté des Antiques, il en imita les Draperies un peu trop regulierement : mais s'estant en suite apperceu que cette quantité de Plis petilloit trop sur les Membres, & ostoit ce repos & ce silence qui en Peinture sont si fort amis des yeux, il se servoit d'une autre conduite dans les Ouvrages qu'il a faits depuis, qui estoit le temps où il commmença à entendre l'effet des Lumieres, des Grouppes, & des Oppositions de Clair-Obscur; de sorte qu'il changea tout à fait de Maniere : (ce fut environ huit ans avant sa mort) & quoy qu'il ait toûjours donné de la grace à tout ce qu'il a peint, il a neantmoins fait paroistre dans ses derniers Ouvrages une Grandeur, une Majesté, & une Harmonie toute autre que dans sa premiere Maniere ; & cela, pour avoir retranché du nombre de ses Plis, les avoir faits plus amples, les avoir contrariez davantage, & pour avoir fait les Masses de Clair-Obscur plus grandes & plus débroüillées. Prenez la peine d'examiner ces differentes Manieres dans les Estampes que nous voyons de ce Grand Homme.

¶ 210. [*Comme des Magiſtrats, à qui vous donnerez des Draperies fort amples.*] Ne faites pas vos Draperies ſi amples, qu'il y en ait aſſez pour habiller quatre ou cinq Figures, comme il y en a qui font, & prenez garde que vos Plis ſoient naturels, & diſpoſez en ſorte que l'on puiſſe conduire ſans peine & developer des yeux toutes vos Draperies d'un bout à l'autre. Par les Magiſtrats il entend toutes les perſonnes graves & déja avancées en âge.

¶ 211. [*Et aux Filles, de tendres & de legeres.*] Par ce nom de *Filles* il entend toutes les perſonnes jeunes, ſveltes & de taille degagée, legeres & delicates; comme ſont les Nimphes, les Naïades, & les Fontaines: les Anges meſme y ſont compris, dont les Draperies doivent eſtre de Couleur fort douce & fort approchantes des Couleurs que l'on voit dans le Ciel, principalement quand ils ſont en l'Air. Il n'y a que ces ſortes d'Etoffes legeres & maniables au gré du vent qui puiſſent ſouffrir quantité de Plis, en ſorte neantmoins qu'il n'y ait point de duretez.

Il n'y a perſonne qui ne juge bien qu'entre les Draperies des Magiſtrats, & celles des jeunes Filles, il ne faille tenir une mediocrité de Plis qui ſe rencontrent plus ordinairement; comme dans les Draperies d'un Chriſt, d'une Vierge, d'un Roy, d'une Reyne, d'une Ducheſſe, & d'autres perſonnes de reſpect & de Majeſté: & celles auſſi qui ſont d'un âge mediocre, avec cette obſervation; Qu'il faut faire les Etoffes plus ou moins riches, ſelon la dignité des perſonnes: & que l'on diſtingue la Laine d'avec la Soye, le Satin d'avec le Velours, le Brocard d'avec la Broderie, & qu'enfin l'œil ſoit trompé (pour ainsi dire) par la verité & la difference des Etoffes.

Remarquez, s'il vous plaist, Que les Draperies tendres & legeres n'estant données qu'au Sexe feminin, les Anciens Sculpteurs ont évité autant qu'ils ont pû d'habiller les Figures d'Hommes; parce qu'ils ont crû (comme nous avons déja dit) qu'en Sculpture on ne pouvoit imiter les Etoffes, & que les gros Plis faisoient un mauvais effet. Il y a quasi autant d'exemples de cette verité, qu'il y a parmi les Antiques de Figures d'Hommes nues. Ie rapporteray seulement celuy du Laocoon, lequel selon toute la vray-semblance devroit estre vestu; & en effet quelle apparence y a-t'il qu'un Fils de Roy, qu'un Prestre d'Apollon se trouvast tout nud dans la Ceremonie actuelle du Sacrifice: car les Serpens passerent de l'Isle de Tenedos au rivage de Troye, & surprirent Laocoon & ses Fils dans le temps mesme qu'il sacrifioit à Neptune sur le bord de la Mer, comme le témoigne Virgile dans le second de son Eneïde. Cependant les Ouvriers, * qui sont les Autheurs de ce bel Ouvrage, ont bien veu qu'ils ne pouvoient pas leur donner de vestemens convenables à leur qualité, sans faire comme un amas de pierres, dont la Masse ressembleroit à un rocher, au lieu de trois admirables Figures, qui ont esté & qui seront toûjours l'admiration des Siecles. Et c'est pour cela que de deux inconveniens, ils ont jugé celuy des Draperies beaucoup plus fâcheux que celuy qui est contre la verité mesme. Cette Observation établit fort bien ce que j'ay dit dans la Remarque 200. Et il me semble qu'elle merite bien que vous y fassiez un peu de reflexion: & pour

* Polidore Athenodore & Agesandre Rhodiens.

vous la confirmer, je vous feray souvenir que Michelange suivant cette Maxime, a donné aux Prophetes qu'il a peints dans la Chapelle du Pape, des Draperies dont les Plis sont amples & de grosse Etoffe; au lieu que le Moïse qu'il a fait de Sculpture, est vestu d'une Draperie beaucoup plus attachée aux Parties, & qui tient tout à fait de celles des Antiques. Cependant c'est un Prophete, comme le sont ceux de la Chapelle, un Homme de mesme qualité, & à qui Michelange devroit avoir donné les mesmes Draperies, s'il n'en avoit esté empesché par les mesmes raisons que nous en avons données.

¶ 215. [*Les Marques des Vertus.*] C'est à dire, des Sciences & des Arts. Les Italiens appellent *Virtuoso* un homme qui aime les beaux Arts, & qui s'y connoist : & parmi nos Peintres le mot de Vertueux s'entend mesme assez dans cette signification.

¶ 217. [*Mais que l'Ouvrage ne soit pas trop enrichi d'Or ny de Pierreries.*] Clement Alexandrin rapporte, *Qu'Apelle ayant veu une Helene, qu'un Ieune-homme de ses Disciples avoit faite, & avoit ornée de quantité d'Or & de Pierreries, luy dit: O mon Amy, ne l'ayant pû faire belle, tu n'as pas manqué de la faire bien riche.* Outre que les choses brillantes en Peinture, comme les Pierreries semées avec profusion sur les habits, se nuisent les unes aux autres, parce qu'elles attirent la veuë en trop d'endroits en mesme temps, & qu'elles empeschent les corps ronds de tourner, & de bien faire leur effet, c'est que la quantité fait ordinairement juger qu'elles sont fausses ; & il est à presumer que les choses precieuses sont toujours rares. Corinna cette

Lib. II. Padag. cap. 12.

sur l'Art de Peinture. 109

sçavante Thebaine reprochant un jour à Pinda- Plutarque sur les Lettres & les Armes des Atheniens.
re (lequel elle avoit vaincu cinq fois en Poësie)
qu'il répandoit trop indifferemment par tout
dans ses Oeuvres les Fleurs du Parnasse, luy dit,
*qu'on semoit avec la main, & non pas avec tout
le sac.* C'est pourquoy le Peintre doit orner les
Vestemens avec une grande prudence : Et les
Pierreries font extremement bien, quand elles
sont sur des endroits que l'on veut tirer hors de
la Toile, comme sur une Epaule ou sur un Bras,
pour lier quelque Draperie, qui d'elle-mesme
ne sera pas de Couleur fort sensible : Elles font
encore parfaitement bien avec le Blanc & les
autres Couleurs legeres, que l'on veut tenir sur
le devant ; parce que les Pierreries sont sensibles
& petillantes par l'opposition du grand Clair &
du grand Brun qui s'y rencontrent.

¶ 219. [*Il sera tres-expedient de faire un Modele des choses dont le Naturel est difficile à tenir, & dont nous ne pouvons pas disposer comme il nous plaist :*] Comme des Grouppes de plusieurs Figures, des Attitudes difficiles à tenir long-temps, des Figures en l'air, en Plat-fond, ou élevées beaucoup au dessus de la veuë, & des Animaux mesmes dont on ne dispose pas aisément. Par ce Precepte l'on voit assez la necessité qu'a un Peintre de sçavoir Modeler, & d'avoir plusieurs Modeles de cire maniable. Paul Veronese en avoit un si bon nombre, avec une si grande quantité d'Etoffes differentes, qu'il en mettoit toute une Histoire ensemble sur un Plan degradé, pour grande & pour diversifiée qu'elle fust. Tintoret en usoit ainsi, & Michelange, au rapport de Iean Baptiste Armenini, s'en est servi pour toutes les Figures de son Iugement. Ce n'est pas que je conseille à personne, quand on voudra faire quelque chose de bien considerable, de finir d'après ces sortes de Modeles : mais ils serviront beaucoup, & seront d'un grand avantage pour voir les Masses des grandes Lumieres & des grandes Ombres, & l'effet du Tout-ensemble. Du reste vous devez avoir un Manequin à peu prés grand comme Nature pour chaque Figure en particulier, sans manquer pour cela de voir le Naturel, & de l'appeller comme un témoin qui doit confirmer la chose à vous premierement, puis aux Spectateurs, comme elle est dans la verité. Vous pourrez vous servir de ces Modeles avec plaisir, si vous les mettez sur un Plan degradé à proportion des Figures, qui sera comme une Table faite exprés, que vous pourrez hausser & rabaisser selon vostre commodité, & si vous regardez vos Figures par un trou ambulatoire, qui servira de Point de veüe & de Point de distance, quand vous l'aurez une fois arresté. Ce mesme trou vous servira encore pour voir vos Figures en Plat-fond & disposées sur une grille de fil de fer, ou soûtenües en l'air par des petits filets élevez à discretion, ou de l'une & l'autre maniere tout ensemble. Vous joindrez à vos Figures tout ce qu'il vous plaira, pourveu que le tout leur soit proportionné, & qu'enfin vous vous imaginiez vous-mesme n'estre que de leur grandeur : Ainsi l'on verra dans tout ce que vous ferez plus de verité, vostre Ouvrage vous donnera un plaisir incroyable, & vous éviterez quantité de doutes & de difficultez qui arrestent bien souvent, & principalement pour ce qui est de la Perspective lineale que vous y trouverez indubitablement : pour-

sur l'Art de Peinture. 111

veu que vous vous souveniez de tout proportionner à la grandeur de vos Figures, & specialement les Points de veüe & de distance: mais pour ce qui est de la Perspective aërée, ne s'y trouvant pas, le Iugement y doit suppléer. * Le Tintoret avoit fait des Chambres d'ais & de cartons proportionnées à ses Modeles, avec des portes & des fenestres, par où il distribuoit sur ses Figures des Lumieres artificielles autant qu'il jugeoit à propos; & passoit assez souvent une partie de la nuit à considerer & à remarquer l'effet de ses Compositions: Ses Modeles estoient de deux pieds de haut.

* Ridolfi dans sa Vie.

¶ 221. [*Que l'on considere les Lieux où l'on met la Scene du Tableau, &c.*] C'est ce que Monsieur de Chambray appelle, Faire les choses selon le Costûme. Voyez ce qu'il en dit dans l'explication de ce mot dans le Livre qu'il a fait de la Perfection de la Peinture. Ce n'est pas assez que dans le Tableau il ne se trouve rien de contraire au Lieu où l'Action que l'on represente s'est passée: il faut encore le faire reconnoistre par quelque industrie, & que l'esprit du Spectateur ne travaille pas à découvrir, si c'est l'Italie ou la Grece, la France ou l'Espagne; si c'est auprés d'un fleuve ou au bord de la mer; si c'est le Rhin, ou la Loire; le Po, ou le Tibre; & ainsi des autres choses qui sont essentielles à l'Histoire. *Nealce, Homme d'esprit & Peintre ingenieux, ayant à peindre un Combat naval entre les Perses & les Egyptiens, & voulant faire voir que cette Bataille s'estoit donnée sur le Nil, dont les Eaux sont de la couleur de celles de la Mer, il fit un Asne qui beuvoit au bord du Fleuve, & un Crocodile qui tâchoit de le surprendre.* Pl. 1. 35. 13.

222. [*Et de la Grace.*] Il est assez difficile de dire ce que c'est que cette Grace de la Peinture : on la conçoit & on la sent bien mieux qu'on ne la peut expliquer. Elle vient des Lumieres d'une excellente Nature, qui ne se peuvent acquerir, par lesquelles nous donnons un certain tour aux choses qui les rendent agreables. Vne Figure sera desseignée avec toutes ses Proportions, & aura toutes ses Parties regulieres, laquelle pour cela ne sera pas agreable, si toutes ces Parties ne sont mises ensemble d'une certaine maniere qui attire les yeux, & qui les tienne comme immobiles. C'est pourquoy il y a difference entre la Beauté & la Grace, & il semble qu'Ovide les ait voulu distinguer, quand il a dit parlant de Venus, *Multaque cum Forma Gratia mista fuit. Il y avoit beaucoup de Grace mélée avec la Beauté.* Et Suetone parlant de Neron dit, *Qu'il estoit beau plustost qu'agreable. Vultu pulchro magis quàm venusto.* Et combien voyons-nous de personnes belles qui nous plaisent beaucoup moins que d'autres qui n'ont pas de si beaux traits. C'est par cette Grace que Raphaël s'est rendu le plus celebre de tous les Italiens, de mesme qu'Apelle l'a esté de tous les Grecs.

233. *C'est où consiste la plus grande difficulté,*] pour deux raisons ; & parce qu'il en faut faire une grande étude, tant sur les belles Antiques & sur les beaux Tableaux, que sur la Nature ; & parce que cette Partie dépend presque entierement du Genie, & semble estre purement un don du Ciel, que nous avons receu dés nostre naissance : c'est pourquoy nostre Autheur adjoûte : *Nous en voyons asseurément bien peu qu'en cela Iupiter ait regardez d'un œil favorable;*

ble; aussi n'appartient-il qu'à ces Esprits, qui participent en quelque chose de la Divinité, d'operer de si grandes Merveilles. Bien que ceux qui n'ont pas tout à fait receu du Ciel ce don precieux, ayent beaucoup de peine à se l'acquerir, neantmoins il est à mon avis necessaire que les uns & les autres apprennent parfaitement le Caractere de chaque Passion.

Toutes les actions de l'Appetit sensitif sont appellées Passions, d'autant que l'Ame est agitée par elles, & que le Corps y patit & s'y altere sensiblement : Ce sont ces diverses agitations & ces differens mouvemens de tout le Corps en general & de chacune de ses Parties en particulier, que nostre Excellent Peintre doit connoistre, dont il doit faire son estude & se former une parfaite Idée. Mais il sera à propos de sçavoir d'abord que les Philosophes en admettent onze; l'Amour, la Haine, le Desir, la Fuite, la Joye, la Tristesse, l'Esperance, le Desespoir, la Hardiesse, la Crainte, & la Colere. Les Peintres les multiplient non seulement par leurs differens degrez, mais encore par leurs differentes especes : car ils feront par exemple six personnes dans le mesme degré de Crainte, qui exprimeront cette Passion tous differemment; & c'est cette diversité d'especes qui fait faire la distinction des Peintres qui sont veritablement habiles, d'avec ceux qu'on appelle Manieristes, & qui repetent jusqu'à cinq ou six fois dans un mesme Tableau les mesmes Airs de teste. Il y a une infinité d'autres Passions, qui sont comme les branches de celles que nous avons nommées : L'on peut par exemple, comprendre sous l'Amour, la Grace, la Gentillesse, la Civilité, les Caresses, les Embrassemens, les Baisers, la Tranquillité, la Douceur, &c. Et sans examiner si toutes les choses que les Peintres appellent du nom de Passion, se peuvent rapporter à celles des Philosophes, je suis d'avis que chacun en use comme il luy plaira, & qu'il en fasse des études à sa mode, le nom n'y fait rien: L'on peut mesme appeller Passion, la Majesté, la Fierté, l'Ennuy, l'Avarice, la Paresse, l'Envie, & plusieurs autres choses semblables. Ces Passions se doivent apprendre, comme nous avons déja dit sur la Nature, de la maniere que l'enseigne nostre Autheur, sur les belles Antiques & sur les beaux Tableaux. Il faut voir par exemple tout ce qui fait pour la Tristesse, le desseigner soigneusement, & l'imprimer de telle sorte dans sa memoire, que l'on en sçache de sept ou huit façons plus ou moins, & qu'incontinent ensuite, l'on fasse voir sur le papier, sans autre Original que l'Image que nous en avons conceuë, qu'on les possede parfaitement: mais sur tout pour les bien posseder, il faut sçavoir que c'est un tel trait ou une telle ombre plus ou moins forte, qui fait telle Passion ou telle autre, dans un tel ou tel degré. Et ainsi quand on vous demandera ce qui fait en Peinture la Majesté d'un Roy, la Gravité d'un Heros, l'Amour d'un Christ, la Douleur d'une Vierge, l'Esperance du bon Larron, le Desespoir du méchant, la Grace & la Beauté d'une Venus, & enfin le Caractere de quelque Passion que ce soit; vous répondrez aussi-tost determinément & avec asseurance, Que c'est une telle Attitude, ou telles Lignes dans les parties du visage formées de telle ou telle façon, ou mesme l'un & l'autre tout ensemble : car les

Parties du Corps feparement, font connoiftre les Paffions de l'Ame, ou bien conjointement les unes avec les autres.

Mais de toutes ces Parties, la Tefte eft celle qui donne plus de vie & plus de Grace à la Paffion, & contribuë en cela toute feule plus que toutes les autres enfemble. Les autres feparement ne peuvent exprimer que certaines Paffions, mais la tefte les exprime toutes. Il y en a neantmoins qui luy font plus particulieres : comme l'Humilité, qu'elle exprime lors qu'elle eft baiffée ; l'Arrogance, quand elle eft élevée ; la Langueur, quand elle penche & qu'elle fe laiffe aller fur l'Epaule ; l'Opiniâtreté avec certaine humeur revefche & barbare, quand elle eft droite, fixe & arreftée entre les deux Epaules ; & d'autres dont on conçoit mieux les marques qu'on ne les peut dire, comme la Pudeur, l'Admiration, l'Indignation & le Doute. C'eft par elle que nous faifons mieux voir nos Supplications, nos Menaces, noftre Douceur, noftre Fierté, noftre Amour, noftre Haine, noftre Ioye, noftre Trifteffe, noftre Humilité; enfin c'eft affez de voir le Vifage pour entendre à demi mot ; la Rougeur & la Pâleur nous parlent, auffi bien que le mélange des deux.

Les parties du Vifage contribuent toutes à mettre au dehors les fentimens du Cœur ; mais fur tout les Yeux, qui font comme deux feneftres par où l'Ame fe fait voir : Les Paffions qu'ils expriment plus particulierement font, le Plaifir, la Langueur, le Defdain, la Severité, la Douceur, l'Admiration & la Colere : La Ioye & la Trifteffe en pourroient encore eftre, s'ils ne partoient plus fpecialement des fourcis & de la

H ij

bouche : Et bien que ces deux dernieres Parties s'accordent plus particulierement pour exprimer ces deux Passions, neantmoins si vous en faites un triot avec les Yeux, vous aurez une harmonie merveilleuse pour toutes les Passions de l'Ame.

Le Nez n'a point de Passion qui luy soit particuliere, il ne fait que prester son secours aux autres par un élevement de Narines, qui est autant marqué dans la Ioye comme dans la Tristesse ; il semble neantmoins que le mépris luy fasse lever le bout & élargir les Narines, en tirant en haut la lévre de dessus à l'endroit qui approche des coins de la Bouche. Les Anciens ont fait le Nez le Siege de la Moquerie, *Eum subdolæ Irrisioni dicaverunt* : dit Pline. Ils y ont aussi logé la Colere : on voit dans Perse, *Disce : sed Ira cadat Naso, rugosaque sanna*. Et Philostrate dans le Tableau de Pan que les Nimphes avoient lié, & à qui elles faisoient mille insultes, dit de ce Dieu : *Il avoit de coustume de dormir auparavant d'un Nez benin, tranquille & paisible, radoucissant par le sommeil le renfrognement & la colere qu'il y avoit fait paroistre; mais il est aujourd'huy irrité au dernier point.* Ie croirois pour moy que le Nez est le Siege de la Colere dans les animaux plûtost que dans les hommes, & qu'il ne sied bien qu'au Dieu Pan, qui tient beaucoup de la beste, de renfrogner son Nez dans la Colere, comme font les autres animaux.

Le mouvement des Lévres doit estre mediocre, si c'est dans le discours ; parce qu'on parle plûtost de la Langue que des Lévres : & si vous faites la Bouche fort ouverte, il faut que ce soit pour exprimer une violente Paſſion.

Pour ce qui eſt des Mains, elles ſont les ſervantes de la Teſte, elles ſont ſes armes & ſon ſecours; ſans elles l'action eſt foible & comme à demi-morte: leurs mouvemens, qui ſont preſque infinis, font des expreſſions ſans nombre. N'eſt-ce pas par elles que nous deſirons, que nous eſperons, que nous promettons, que nous appellons, que nous renvoyons? Elles ſont encore les inſtrumens de nos menaces, de nos ſupplications, de l'horreur que nous témoignons pour les choſes, & de la loüange que nous leur donnons. Par elles nous craignons, nous interrogeons, nous approuvons, nous refuſons, nous montrons noſtre joye & noſtre triſteſſe, nos doutes, nos regrets, nos douleurs & nos admirations: Enfin l'on peut dire, puis qu'elles ſont la Langue des Muets, qu'elles ne contribuent pas peu à parler un langage commun à toutes les Nations de la Terre, qui eſt celuy de la Peinture.

Or de dire, comme il faut que ces Parties ſoient diſposées pour exprimer les differentes Paſſions, c'eſt ce qui eſt impoſſible, & dont on ne peut donner de Regles bien preciſes, tant à cauſe que le travail en ſeroit infini, que parce que chacun en doit uſer ſelon ſon Genie & ſelon l'étude qu'il en a dû faire. Souvenez-vous ſeulement de prendre garde que les Actions de vos Figures ſoient toutes naturelles. *Il me ſemble* (dit Quintilien parlant des Paſſions) *que cette Partie ſi belle & ſi grande n'eſt pas inacceſſible, & qu'il y a un chemin qui y conduit aſſez facilement: C'eſt de conſiderer la Nature, & de l'imiter: car les Spectateurs ſont ſatisfaits, lors que*

2. 30

dans les choses artificielles, ils reconnoissent la Nature telle qu'ils ont accoûtumé de la voir. Cét endroit de Quintilien est parfaitement expliqué par les paroles d'un excellent Maistre, lesquelles nostre Autheur nous propose comme une tres-bonne Regle: Les voicy: *Que les Mouvemens de l'Ame qui sont étudiez, ne sont jamais si naturels que ceux qui se voyent dans la chaleur d'une veritable Passion.* Ces mouvemens s'exprimeront bien mieux, & seront plus naturels, si l'on entre dans les mesmes sentimens, & que l'on s'imagine estre dans le mesme estat que ceux que l'on veut representer: *Car la Nature* (dit

<small>Dans son Art.</small> Horace) *dispose nostre interieur à toutes sortes de fortunes; tantost elle nous rend contens, tantost elle nous pousse dans la colere, & tantost elnous accable tellement de tristesse, qu'elle nous abbat entierement, & nous met dans des inquietudes mortelles: puis elle pousse au dehors les Mouvemens du Cœur par la Langue, qui est son Interprete.* Qu'au lieu de la *Langue* le Peintre dise, par les *Actions* qui sont ses Interpretes.

<small>6. 2.</small> *Le moyen* (dit Quintilien) *de donner une Couleur à une chose, si vous n'avez pas cette Couleur. Il faut que nous soyons touchez les premiers d'une Passion, devant que d'essayer d'en toucher les autres. Et comment faire* (adjoûte-t'il) *pour se sentir émeu, veu que les Passions ne sont pas dans nostre puissance? En voicy le moyen, si je ne me trompe: Il faut se former des Visions & des Images des choses absentes, comme si effectivement elles estoient devant nos yeux; & celuy qui concevra plus fortement ces Images, possedera cette Partie des Passions avec d'autant plus d'avantage & de facilité.* Mais il

sur l'Art de Peinture. 119

faut prendre garde, comme nous avons déja dit, que dans ces Visions les mouvemens soient naturels: car il y en a qui s'imaginent avoir donné bien de la vie à leurs Figures, quand ils leur ont fait faire des Actions violentes & exaggerées, que l'on peut appeller des Contorsions du Corps plûtost que des Passions de l'Ame ; & se donnent ainsi bien souvent de la peine, pour trouver quelque forte Passion où il n'en faut point du tout.

Ioignez à tout ce que j'ay dit des Passions, Qu'il faut extremement avoir égard à la qualité des personnes passionnées : La Ioye d'un Roy ne doit pas estre comme celle d'un valet, & la Fierté d'un Soldat ne doit pas ressembler à celle d'un Capitaine. Dans ces differences consiste tout le fin & tout le delicat des Passions. Paul Lomasse a écrit fort amplement sur chaque Passion en particulier dans son 2. Livre : mais prenez garde à ne vous y point trop arrester, & à ne point forcer vostre Genie.

¶ 247. [*On la vit se sauver dans des lieux souterrains.*] Tout ce qui se trouva de Peinture Antique en Italie fut ruiné dans l'irruption des Huns & des Gots, à la reserve des Ouvrages qui estoient dans les lieux souterrains, qui pour n'avoir pas esté fort exposez à la veüe, furent sauvez de l'insolence de ces Barbares.

¶ 256. [*La Cromatique.*] La troisiéme & derniere Partie de la Peinture s'appelle Cromatique, ou Coloris. Elle a pour objet la Couleur: c'est pourquoy les Lumieres & les Ombres y sont aussi comprises, qui ne sont autre chose que du Blanc & du Brun, & par consequent qui ont rang parmi les Couleurs. Philostrate dit, *Qu'on*

H iiij

peut appeller Peinture à juſte titre ce qui n'eſt fait qu'avec deux ſeules Couleurs; pourveu que les Lumieres & les Ombres y ſoient obſervées: car on y voit la veritable reſſemblance des choſes avec leurs Beautez: on ne laiſſe pas meſme d'y voir les Paſſions, quoy que ſans Couleur: on y peut exprimer tant de vie, que l'on y connoiſſe juſqu'au ſang; la Couleur des cheveux & de la barbe s'y fait remarquer, & l'on y diſtingue ſans confuſion les Noirs, les Blonds & les Vieillards par la blancheur de leur poil. On y connoiſt ſans peine les Indiens & les Mores, non ſeulement par leur nez camus, leurs cheveux creſpus, & leurs joüës élevées: mais auſſi par la Couleur noire qui leur eſt naturelle. L'on peut adjoûter à ce que dit Philoſtrate, qu'avec deux ſeules Couleurs, le Clair & l'Obſcur, il n'y a point de ſorte d'Etoffe qu'on ne puiſſe imiter. Diſons donc, Que la Cromatique fait ſes obſervations ſur les Maſſes ou Corps des Couleurs accompagnées de Lumieres & d'Ombres plus ou moins evidentes par degrez de diminution, ſelon les accidens, premierement du Corps lumineux, comme du Soleil ou d'un flambeau; ſecondement du Corps diaphane, qui eſt entre nous & l'objet, comme l'Air pur ou épais, ou une vitre rouge, &c. 3. du Corps ſolide illuminé, comme une Statuë de marbre blanc, un arbre vert, un cheval noir, &c. 4. de la part de celuy qui regarde le Corps illuminé comme le voyant de loin ou de près, directement en angle droit, ou de biais en angle obtus, de haut en bas, ou de bas en haut. Cette Partie dans la connoiſſance qu'elle a de la valeur des Couleurs, de l'amitié qu'elles ont enſemble, & de leur antipathie, elle

De Vita Apolſonij l. 2. c. 10.

sur l'Art de Peinture. 121

comprend la Force, le Relief, la Fierté, & ce Precieux que l'on remarque dans les bons Tableaux. Le maniément des Couleurs & le travail dépendent encore de cette derniere Partie.

¶ 263. [*Sa Sœur*;] C'est à dire, le Dessein, qui est la seconde Partie de la Peinture; laquelle ne consistant qu'en lignes, a tout-à-fait besoin de la Cromatique pour paroistre; c'est pourquoy nostre Autheur appelle cette derniere Partie, *Lena Sororis*, que j'ay traduit en termes plus honnestes de cette sotte : *On l'accusoit de produire sa Sœur, & de nous engager adroitement à l'aimer.*

¶ 267. [*La Lumiere produit, &c.*] Voicy trois Theoresmes de suite que nostre Autheur nous propose, pour en tirer quelques conclusions : Vous en trouverez d'autres, qui sont autant de propositions dont il faut tomber d'accord, pour en tirer les Preceptes, qui sont contenus dans la suite de ce Traité, ils sont tous fondez sur le Sens de la Veüe.

¶ 280. [*Ce qui sera tout au plus.*] Voyez la Remarque du nombre 152.

¶ 282. [*Que vous fassiez paroistre les Corps éclairez par des Ombres qui arrestēt vostre veüe, &c.*] C'est à dire proprement, qu'apres de grands Clairs il faut de grandes Ombres, qu'on appelle des Repos ; parce que effectivement la veüe seroit fatiguée, si elle estoit attirée par une continuité d'objets petillans. Les Clairs peuvent servir de repos aux Bruns, comme les Bruns en servent aux Clairs. J'ay dit ailleurs qu'un Grouppe de Figures doit estre consideré comme un Chœur de Musique, dans lequel les Basses soûtiennent les Dessus, & les font entendre plus agreablement.

Ces Répos se font de deux manieres, dont l'une est Naturelle, & l'autre Artificielle : La Naturelle se fait par une étenduë de Clairs ou d'Ombres, qui suivent naturellement & necessairement les Corps solides, ou les Masses de plusieurs Figures agrouppées lors que le jour vient à fraper dessus : Et l'Artificielle consiste dans les Corps des Couleurs que le Peintre donne à certaines choses telles qu'il luy plaist, & les compose de telle sorte, qu'elles ne fassent point de tort aux Objets qui sont auprés d'elles : Vne Draperie par exemple que l'on aura fait jaune ou rouge en certain endroit, pourra estre dans un autre de Couleur brune, & y conviendra mieux pour produire l'effet que l'on demande. L'on doit prendre occasion autant qu'il est possible de se servir de la premiere Maniere, & de trouver les repos dont nous parlons par le Clair ou par l'Ombre, qui accompagnent naturellement les Corps solides : Mais comme les Sujets que l'on traite ne sont pas toûjours favorables, pour disposer des Figures ainsi que l'on voudroit bien, l'on peut en ce cas prendre son avantage par les Corps des Couleurs, & mettre dans les endroits qui doivent estre obscurs, des Draperies, ou d'autres choses que l'on peut supposer estre naturellement brunes & salies, lesquelles vous feront le mesme effet, & vous donneront les mesmes Repos que les Ombres qui n'ont pû estre causées par la disposition des Objets.

Ainsi le Peintre qui a de l'intelligence prendra ses avantages de l'une & de l'autre Maniere; & s'il fait un Dessein qui doive estre gravé, il se souviendra que les Graveurs ne disposent pas des Couleurs, comme font les Peintres, & que par consequent il doit prendre occasion de trouver les Repos de son Dessein dans les Ombres naturelles des Figures, qu'il aura disposées à cét effet. Rubens en donne une parfaite connoissance dans les Estampes qu'il a fait graver; & je ne croy pas que l'on puisse rien voir de plus beau en ce genre: Toute l'intelligence des Grouppes, du Clair-Obscur & de ces Masses que le Titien appelloit *la Grappe de Raisin*, y est si nettement exposée, que la veüe de ces Estampes & l'attention que l'on y apporteroit contribueroient beaucoup à faire un Habile-homme. Les plus belles sont gravées par Vorsterman, Pontius, & Bolsvert, tous trois excellens Graveurs, & dont Rubens prenoit plaisir de conduire les Ouvrages, lesquels vous trouverez sans doute admirables, si vous voulez les examiner; mais n'y cherchez pas l'élegance du Dessein ny la correction des Contours.

Ce n'est pas que les Graveurs ne puissent & ne doivent imiter les Corps des Couleurs par les degrez du Clair-Obscur, autant qu'ils jugeront que cela doit produire un bel effet; au contraire il est, à mon avis, impossible de donner beaucoup de force à tout ce que l'on gravera d'apres les Ouvrages de l'Ecole de Venise, & de tous ceux qui ont eu l'intelligence des Couleurs & du Contraste du Clair-Obscur, sans imiter en quelque façon la Couleur des Objets selon le rapport qu'elle a aux degrez du Blanc & du Noir. On voit certaines Estampes de differens bons Graveurs, où ces choses sont observées, qui ont une force merveilleuse: Et il paroist depuis peu une Gallerie de l'Archiduc Leopolde, laquelle, quoy que tres-mal gravée, ne laisse pas de donner à connoiftre une partie de la beauté de fes Originaux, à caufe que les Graveurs qui l'ont executée (quoy que d'ailleurs affez ignorans) ont obfervé à-peu-prés dans la plufpart de ces Eftampes les Corps des Couleurs dans le rapport qu'elles ont aux degrez du Clair-Obfcur.

Que les Graveurs faffent un peu de reflexion fur toute cette Remarque : elle leur eft de la derniere confequence; car quand ils auront l'intelligence de ces Repos, ils refoudront facilement les difficultez qui les embaraffent fouvent, & lors principalement qu'ils ont à graver d'apres un Tableau, où ny le Clair-Obfcur, ny les Corps des Couleurs ne fe trouvent pas fçavamment obfervez, quoy que dans les autres Parties le Tableau foit fort accompli.

286. [*De la mefme façon que le Miroir convexe vous le montre.*] Le Miroir convexe altere les Objets qui font au milieu, de maniere qu'il femble les faire fortir hors de fa fuperficie. Le Peintre en ufera de la forte à l'égard du Clair-Obfcur de fes Figures, pour leur donner plus de relief & plus de force.

290. [*Et que celles qui tournent font de Couleurs rompuës, comme eftant moins diftinguées & plus proches des bords.*] Il faut que le Peintre imite encore le Miroir convexe en cecy, & qu'aux bords de fon Tableau il n'y mette rien de petillant, ny en Couleur, ny en Lumiere. Il y a deux raifons pour cela : la premiere eft, que d'abord l'œil fe porte ordinairement au milieu de l'Objet qui fe prefente à luy, & que par confequent il faut qu'il y trouve le Principal Objet, pour eftre fatisfait : Et l'autre raifon eft, que les bords eftant chargez d'ouvrage fort & petillant,

sur l'Art de Peinture. 125

ils attirent les yeux qui sont comme en inquietude de ne voir pas une continuité de cét Ouvrage, qui est tout d'un coup interrompu par les bords du Tableau : au-lieu que ces bords estant legers d'ouvrage, l'œil demeure au centre du Tableau, & l'embrasse plus agreablement : C'est pour cette mesme raison que dans une grande Composition de Figures, celles qui estant sur le devant seront coupées par la base du Tableau, feront toûjours un mauvais effet.

¶ 329. [*La Grappe de Raisin.*] Il est assez évident que le Titien par cette comparaison aussi judicieuse que familiere, a pretendu dire que l'on doit ramasser les Objets & les disposer de telle sorte, qu'ils composent un Tout, dont plusieurs Parties contiguës puissent estre éclairées, plusieurs ombrées, & d'autres de Couleurs rompuës, pour estre dans les Tournans ; de mesme que dans une Grappe de Raisin plusieurs Grains qui en font les parties, se trouvent dans le jour, plusieurs dans l'ombre, & d'autres dans la demie teinte, pour estre dans les Parties fuyantes. Le Tintoret dit un jour à Rubens, qu'il avoit oüi dire au Titien, Que dans tous ses plus grands Ouvrages la Grappe de Raisin estoit son meilleur guide & sa principale Regle.

¶ 330. [*Le Blanc tout pur avance ou recule indifferemment, il s'approche avec du Noir, & s'éloigne sans luy.*] Tout le monde convient, que le Blanc peut subsister sur le devant du Tableau, & y estre employé tout pur ; la question est donc de sçavoir s'il peut également subsister & estre placé de la mesme sorte sur le derriere, la Lumiere estant universelle & les Figures supposées dans une campagne. Nostre Autheur conclud affirmativement ; & la raison qui appuye ce Precepte est, Que n'y ayant rien qui participe davantage de la Lumiere que le Blanc, & la Lumiere pouvant fort bien subsister dans le lointin (comme nous le voyons tous les jours au lever & au coucher du Soleil), il s'ensuit que le Blanc y peut subsister aussi : En Peinture la Lumiere & le Blanc ne sont quasi que la mesme chose. Adjoûtez à cela que nous n'avons point de Couleur plus approchante de l'Air que le Blanc, & par consequent point de Couleur plus legere : d'où vient mesme que nous disons ordinairement que l'Air est pesant quand nous voyons le Ciel couvert de nuages obscurs, ou qu'un broüillard épais no° oste cette clairté, qui fait la legereté & la serenité de l Air. Le Titien, Tintoret, Paul Veronese, & tous ceux qui ont le mieux entendu les Lumieres, l'ont observé de la sorte, & personne ne peut aller à l'encontre de ce Precepte, à moins de renoncer au Païsage, qui nous confirme parfaitement cette verité ; & nous voyons que tous les Grands Païsagistes ont suivi en cela le Titien, qui s'est toûjours servi de Couleurs brunes & terrestres sur le devant, & qui a reservé ses plus grands Clairs pour les lointins & les derrieres de ses Païsages.

On peut objecter à cette opinion, Que le Blanc ne peut pas se tenir dans le lointin ; puisque l'on s'en sert ordinairement pour faire approcher les Objets sur le devant. Il est vray que l'on s'en sert, & mesme fort à propos, pour rendre les Objets plus sensibles par l'opposition du Brun qui le doit accompagner, & qui le retient comme malgré luy ; soit que ce Brun luy serve de fond, ou qu'il luy soit attaché. Par exemple, si vous voulez faire un cheval blanc sur les premieres lignes de voſtre Tableau, il faut abſolument, ou que le fond en ſoit d'un Brun temperé & aſſez large, ou que les harnois en ſoient de Couleurs tres-ſenſibles, ou enfin qu'il y ait quelque Figure deſſus, dont les Ombres & la Couleur le retiennent ſur le devant.

Mais, il ſemble (direz-vous) que le Bleu eſt la Couleur la plus fuyante; puiſque le Ciel & les Montagnes les plus éloignées ſont de cette Couleur. Il eſt bien vray que le Bleu eſt une Couleur des plus legeres & des plus douces : mais il eſt vray auſſi qu'elle a d'autant plus toutes ces qualitez, qu'il y a de Blanc meſlé dedans, comme l'exemple des lointins nous le fait connoiſtre.

Que ſi la Lumiere de voſtre Tableau n'eſt point univerſelle, & que vous ſuppoſiez vos Figures dans une Chambre, pour lors ſouvenez-vous de Theoréme, qui dit, que *Plus un Corps eſt proche de la Lumiere, & nous eſt directement opposé, plus il eſt éclairé; parce que la Lumiere s'affoiblit en s'éloignant de ſa Source.* Vous pourrez encore éteindre voſtre Blanc, ſi vous ſuppoſez l'Air eſtre un peu plus épais, & ſi vous prevoyez que cette ſuppoſition fera un bon effet dans l'œconomie de tout l'Ouvrage : mais que cela n'aille pas juſqu'à faire vos Figures d'une demie teinte ſi brune, qu'il ſemble qu'elles ſoient dans un vilain broüillard, ou qu'elles paroiſſent attachées à leur fond. Voyez la Remarque ſuivante.

¶ 332. [*Mais pour le Noir tout pur, il n'y a rien qui s'approche davantage* ;] d'autant que c'eſt la Couleur la plus peſante, la plus terreſtre, & la plus ſenſible : Cela s'entend aſſez par les qualitez du Blanc qui luy eſt oppoſé, & qui eſt, comme nous avons dit, la Couleur la plus legere. Il y a peu de perſonnes qui ne ſoient de cette opinion ; cependant j'en ay trouvé qui m'ont dit que le Noir ſur le devant ne faiſoit que des trous. A cela il n'y a rien à répondre, ſinon que le Noir fait toûjours un bon effet ſur le devant, quand il eſt mis fort à propos & avec prudence. Il faut donc tellement diſpoſer les Corps que l'on veut tenir ſur le devant du Tableau, que l'on n'y voye point ces ſortes de trous, & que les Noirs y ſoient par Maſſes & confondus inſenſiblement. Voyez le XLVII. Precepte.

Ce qui donne le relief à la boule (me dira quelqu'un) eſt l'éclat ou le Blanc, qui eſt ce ſemble ſur la partie la plus proche de nous ; & par conſequent le Noir eſt fuyant.

Il faut prendre garde icy de ne pas confondre les Tournans avec les Diſtances : La queſtion n'eſt qu'à l'égard des Corps ſeparez par quelque diſtance d'enfoncement, & non pas des Corps ronds d'une meſme continuité. Le Brun que l'on meſle dans les tournans de la boule, les fait fuïr, en les confondant plûtoſt (pour ainſi dire) qu'en les noirciſſant. Et ne voyez-vous pas que les Reflets ſont un artifice du Peintre, pour rendre les tournans plus legers, & que par ce moyen le plus grand Noir demeure vers le milieu de la boule, pour ſoûtenir le Blanc, & faire qu'elle nous trompe plus agreablement.

Ce Precepte du Blanc & du Noir eſt de ſi grande conſequence, qu'à moins d'eſtre exactement pratiqué, il eſt impoſſible qu'un Tableau faſſe grand effet, que les Maſſes en ſoient debroüilles, & que les Diſtances d'enfoncement
s'y faſſent

s'y fassent remarquer du premier coup d'œil & sans peine.

L'on peut inferer de ce Precepte, que les Masses des autres Couleurs seront d'autant plus sensibles, & approcheront d'autant plus de la veuë, qu'elles seront brunes ; pourveu que ce soit entre Couleurs de mesme espece : Par exemple, un Iaune brun approchera davantage qu'un autre qui le sera moins. I'ay dit, *pourveu que ce soit entre Couleurs de mesme espece* : parce qu'il y a des Couleurs simples, qui de leur nature sont fieres & sensibles, quoy que claires, comme le Vermillon : Il y en a aussi d'autres, quoy que brunes, qui ne laissent pas d'estre douces & fuyantes, comme l'Azur d'Outremer.

L'effet d'un Tableau ne vient donc pas seulement du Clair-Obscur, mais encore de la nature des Couleurs. I'ay crû qu'il n'estoit pas hors de propos de dire icy les qualitez de celles dont on se sert ordinairement, & que l'on appelle Couleurs capitales ; parce qu'elles servent à faire la composition de toutes les autres, dont le nombre est infini.

L'Occre de Rut est une Couleur des plus pesantes.

L'Occre-jaune ne l'est pas tant ; parce qu'il est plus clair.

Et le Massicot est fort leger ; parce que c'est un Iaune tres-clair & qui approche fort du Blanc.

L'Outremer, ou l'Asur, est une Couleur fort legere & fort douce.

Le Vermillon est entierement opposé à l'Outremer.

La Laque est un milieu entre l'Outremer & le

I

Vermillon, encore est-elle plus douce que rude.

Le Brun-rouge est des plus terrestres & des plus sensibles.

Le Stil de grain est une Couleur indifferente & fort susceptible des qualitez des autres Couleurs par le mélange : Si vous y mélez du Brun-rouge, vous ferez une Couleur des plus terrestres ; mais si au contraire vous le joignez avec le Blanc ou le Bleu, vous en aurez une Couleur des plus fuyantes.

La Terre verte est legere; elle est un milieu entre l'Occre-jaune & l'Outremer.

La Terre d'ombre est extremement sensible & terrestre ; il n'y a que le Noir extréme qui luy puisse disputer.

De tous les Noirs celuy-là est le plus terrestre qui s'éloigne le plus du Bleu.

Selon le Principe que nous avons établi du Blanc & du Noir, vous rendrez chacune de ces Couleurs que je viens de nommer d'autant plus terrestre & plus pesante, que vous y joindrez de Noir, & d'autant plus legere que vous y mélerez de Blanc.

Pour ce qui est des Couleurs rompuës ou composées, on doit juger de leur force par celle des Couleurs qui les composent. Tous ceux qui ont bien entendu l'accord des Couleurs, ne les ont pas employées toutes pures dans leurs Draperies, sinon dans quelque Figure sur la premiere ligne du Tableau : mais ils se sont servis de Couleurs rompuës & composées, dont ils ont fait une Musique pour les yeux, en mélant celles qui ont quelque sympathie les unes avec les autres, pour en faire un Tout qui aye de l'union avec les Couleurs qui luy sont voisines. Le Peintre qui a la connoissance de la force & du pou-

sur l'Art de Peinture.

voir de ses Couleurs, en usera comme il jugera à propos & selon sa prudence.

¶ 355. [*Mais que cela se fasse relativement, c'est à dire, &c.*] Vn corps doit en faire fuïr tellement un autre, qu'il puisse estre luy-mesme chassé par ceux qui sont avancez sur le devant. *Il faut prendre garde & avoir attention* (dit Quint.) *non pas à une seule chose détachée, mais à plusieurs qui se suivent, & qui par un certain rapport qu'elles ont les unes avec les autres, sont comme continuës, de mesme que si dans une ruë droite nous jettons les yeux d'un bout à l'autre, nous découvrons tout d'un coup les differentes choses qui s'y rencontrent, en sorte que non seulement nous verrons la derniere, mais jusqu'à la derniere relativement.* L. 10. c. 7.

¶ 361. [*Que jamais deux extremitez contraires, &c.*] Le Sens de la veuë a cela de commun avec tous les autres, qu'il abhorre les extremitez contraires. Et de mesme que les mains qui ont grand froid, souffrent beaucoup lors qu'on les approche tout d'un coup du feu ; ainsi les yeux qui trouvent un extréme Blanc auprés d'un extréme Noir, ou un bel Azur auprés d'un Vermillon ardent, ne sçauroient regarder ces extremitez qu'avec peine, quoy qu'ils y soient toûjours attirez par l'éclat des deux contraires.

Ce Precepte oblige de sçavoir les Couleurs qui ont amitié ensemble, & celles qui sont incompatibles ; ce que l'on pourra aisément découvrir en mélant ensemble les Couleurs dont on veut faire épreuve : & si par ce mélange elles font une Couleur douce & qui ne soit point desagreable aux yeux, c'est une marque qu'il y a de l'union & de la sympathie entr'elles ; si au

I ij

contraire la Couleur qui fera produite du mélange des deux autres, est rude à la veuë, il faut conclure qu'il y a contrarieté & antipathie entre ces deux Couleurs. Le Vert par exemple est une Couleur agreable, qui peut venir du Bleu & du Iaune mélez ensemble, & par consequent le Bleu & le Iaune sont deux Couleurs qui sympatisent : & tout au contraire le mélange du Bleu & du Vermillon produit une Couleur aigre, rude & desagreable : Concluez donc que le Bleu & le Vermillon ont antipathie ensemble; & ainsi des autres Couleurs, dont vous pouvez faire essay, & vous éclaircir une fois pour toutes. (Voyez la fin de la Remarque 332. où j'ay pris occasion de parler de la force & de la qualité de chaque Couleur capitale) L'on peut neantmoins passer par dessus ce Precepte, quand on n'a qu'une ou deux Figures à traiter, & que parmi un grand nombre on en veut faire remarquer quelqu'une, qui est des principales du Sujet, & qui autrement ne pourroit se faire remarquer par dessus les autres. Titien dans le Tableau qu'il a fait du Triomphe de Bacchus, ayant placé Ariadne sur l'un des costez du Tableau, & ne pouvant pour cette raison la faire remarquer par les éclats de la lumiere qu'il a voulu conserver dans le milieu, il luy a donné une écharpe de Vermillon sur une Draperie bleüe, tant pour la détacher de son fond, qui est déja une mer bleüe, qu'à cause que c'est une des principales Figures du Sujet, sur laquelle il veut que l'œil soit attiré. Paul Veronese dans sa Nopce de Cana, parce que le Christ, qui est la Principale Figure du Sujet, est un peu enfoncé dans le Tableau, & qu'il n'a pû le faire remarquer par le

sur l'Art de Peinture. 133

brillant du Clair-Obscur, il l'a vestu de Bleu & de Vermillon, pour faire que la veuë se portast sur cette Figure.

Les Couleurs ennemies se pourront d'autant plus allier, que vous y mèlerez d'autres Couleurs qui auront sympathie l'une avec l'autre, & qui s'accorderont avec celles que vous voudrez, pour ainsi dire, reconcilier.

¶ 365. [*C'est travailler en vain que de, &c.*] Il a dit ailleurs : *Cherchez tout ce qui aide vostre Art & qui luy convient, fuyez tout ce qui luy repugne.* C'est le Precepte LIX. Si le Peintre veut arriver à sa fin, qui est de tromper la veuë, il doit faire choix d'une Nature qui s'accorde à la foiblesse de ses Couleurs ; puisque ses Couleurs ne peuvent pas s'accorder à toute sorte de Nature. Ce Precepte doit estre particulierement considerable à ceux qui font du Païsage.

¶ 378. [*Que le Champ du Tableau, &c.*] La raison en est qu'il faut eviter le rencontre des Couleurs qui ont antipathie ensemble ; parce qu'elles blessent la veuë : de sorte que ce Precepte se prouve fort bien par le quarante-uniéme, qui, dit, *Que jamais deux extremitez contraires ne se touchent, soit en Couleur ou en Lumiere; mais qu'il y ait un milieu participant de l'un & de l'autre.*

¶ 382. [*Que vos Couleurs soient vives, sans pourtant donner, comme on dit, dans la farine.*] Donner dans la farine est une façon de parler parmi les Peintres, qui exprime parfaitement ce qu'elle veut dire, qui n'est autre chose que de peindre de Couleurs claires & fades tout ensemble, lesquelles ne donnent non plus de vie aux Figures, que si effectivement elles estoient frot-

I iij

tées de farine. Ceux qui font leurs Carnations fort blanches & leurs Ombres grises ou verdastres, tombent dans cet inconvenient. Les Couleurs rousses dans les Ombres des chairs les plus delicates, contribuent merveilleusement à les rendre vives, brillantes & naturelles : mais il en faut user avec la mesme prudence dont le Titien, Paul Ver. Rubens & Vandeik se sont servis.

Pour conserver les Couleurs fraisches, il faut peindre en mettant toûjours des Couleurs, & non pas en frottant apres les avoir couchées sur la toile : & s'il se pouvoit mesme faire qu'on les mist justement dans leurs places, & que l'on n'y touchast point quand on les y a une fois placées, il seroit encore mieux ; parce que la fraischeur des Couleurs se ternit & se perd à force de les tourmenter en peignant.

Tous ceux qui ont bien colorié avoient encore une autre Maxime pour maintenir les Couleurs fraisches, vives & fleuries ; c'estoit de se servir de Fonds blancs, sur lesquels ils peignoient, & souvent mesme au premier coup, sans rien retoucher, & sans y employer de nouvelles Couleurs. Rubens s'en servoit toûjours; & j'ay veu des Tableaux de la main de ce Grand Homme faits au premier coup, qui avoient une vivacité merveilleuse. La raison qu'ils avoient de se servir de ces sortes de Fonds, est que le Blanc conserve toûjours un éclat sous le transparant des Couleurs, lesquelles empeschent que l'air n'altere la blancheur du Fond, de mesme que cette blancheur repare le dommage qu'elles reçoivent de l'air ; de maniere que le Fond & les Couleurs se prestent un mutuel secours, & se conservent l'un l'autre. C'est par cette raison que les Couleurs glacées ont une vivacité qui ne peut jamais eftre imitée par les Couleurs les plus vives & les plus brillantes, dont à la maniere ordinaire & commune on couche fimplement les differentes teintes, chacune dans leur place les unes apres les autres : tant il eft vray que le Blanc avec les autres Couleurs ficres, dont on peint d'abord ce que l'on veut glacer, en font comme la vie & l'éclat. Les Anciens ont afurément trouvé que les Fonds blancs eftoient beaucoup meilleurs que les autres : puifque nonobftant l'incōmodité que leurs yeux recevoient de cette Couleur, ils ne laiffoient pas de s'en fervir, comme le témoigne Gallien dans fon x. l. de l'ufage des parties. *Les Peintres* (dit-il) *lors qu'ils travaillent fur leurs Fonds blancs, ils mettent devant eux des Couleurs brunes & d'autres mélées de Bleu & de Verd, pour fe delaffer les yeux ; parce que le Blanc eft une Couleur dont l'éclat peine & fatigue la veüe plus qu'aucune autre.* Ie ne fçay d'où vient que l'on ne s'en fert pas aujourd'huy, fi ce n'eft qu'il y a peu de Peintres curieux de bien colorier, ou que l'ébauche commencée fur le Blanc ne fe montre pas affez vifte, & qu'il faut avoir une patience plus que Françoife, pour attendre qu'elle foit achevée, & que le Fond qui ternit par fa Blancheur l'éclat des autres Couleurs, foit entierement couvert, pour faire paroiftre agreablement tout l'Ouvrage.

¶ 383. [*Que les Parties plus élevées & plus proches de vous, foient, &c.*] La raifon de cecy eft, que fur une fuperficie platte & auffi unie qu'eft une toile tenduë, le moindre corps paroift beaucoup, & donne du relief à la place qu'il occupe. Ne chargez donc pas de Couleurs les endroits que vous voulez faire tourner ; mais bien ceux que vous voulez tirer hors de la toile.

¶ 385. [*Qu'il y ait une telle harmonie dans voſtre Tableau, que toutes les Ombres n'en paroiſſent qu'une.*] Il a dit ailleurs, qu'après de grands Clairs, il faut de grandes Ombres, qu'il appelle des Repos. Ce qu'il entend par ce Precepte-cy, eſt, que tout ce qui ſe trouve dans ces grandes Ombres, participe de la Couleur l'un de l'autre, en ſorte que toutes les differentes Couleurs qui ſont bien diſtinguées dans le Clair, ſemblent n'eſtre qu'une dans l'Obſcur par leur grande union.

¶ 387. [*Tout d'une Paſte ;*] C'eſt à dire, d'une meſme continuité de travail, & comme ſi le Tableau avoit eſté fait tout en un jour ; le Latin dit, Tout d'une Palette.

¶ 388. [*Le Miroir vous apprendra, &c.*] Le Peintre doit avoir principalement égard aux Maſſes & à l'effet du Tout-enſemble. Le Miroir éloigne les objets, & par conſequent il n'en fait voir que les Maſſes, dans leſquelles toutes les petites parties ſont confonduës. Le ſoir, quand la nuit approche, vous ferez bien mieux cette obſervation ; mais non pas ſi commodement : car le temps propre à cela ne dure qu'un quart d'heure, & le Miroir peut ſervir pendant tout le jour.

Puiſque le Miroir eſt la Regle & le maiſtre des Peintres, en leur faiſant voir leurs deffauts par l'éloignement & la diſtance où il chaſſe les Objets, concluez que le Tableau qui ne fait pas un bon effet de loin, ne peut pas eſtre bien, & qu'il ne faut jamais finir ſon Tableau, qu'auparavant on n'ait examiné d'une distance assez considerable, ou avec un Miroir, si les Masses du Clair-Obscur & les corps des Couleurs sont bien distribuez. Le Georgion & le Correge se servoient de cette methode.

¶ 393. [*Pour ce qui est des Portraits, &c.*] La fin des Portraits n'est pas si precisément comme quelques-uns se l'imaginent, de donner avec la ressemblance un air riant & agreable; c'est bien quelque chose, mais ce n'est pas assez. Il consiste à exprimer le veritable temperament des personnes que l'on represente, & à faire voir leur Phisionomie. Si la personne que vous peignez, par exemple, est naturellement triste, il se faudra bien garder de luy donner de la gayeté, qui seroit toûjours quelque chose d'étranger sur son visage. Si elle est enjoüée, il faut faire paroistre cette belle humeur par l'expression des Parties où elle agit & où elle se montre. Si elle est grave & majestueuse, les ris trop sensibles rendront cette Majesté fade & niaise. Enfin, le Peintre qui a de l'esprit, doit faire le discernement de toutes ces choses; & s'il sçait la Phisionomie, il aura bien plus de facilité & reüssira bien mieux qu'un autre. Pline dit, *Qu'Apelle faisoit ses Portraits si ressemblans, qu'un certain Phisionomiste & Diseur de bonne avanture, au rapport d'Appion le Grammairien, disoit en les voyant le temps au juste que devoit arriver la mort des personnes à qui ils ressembloient, ou en quel temps elle estoit arrivée, si la personne n'estoit plus en vie.*

¶ 403. [*Peignez le plus tendrement qu'il vous sera possible, & faites perdre insensiblement, &c.*] Non pas en sorte que vous fassiez mourir vos Couleurs à force de les tourmenter ; mais que vous les méliez le plus promptement que vous pourrez & que s'il y a moyen, vous ne retouchiez pas deux fois au mesme endroit.

¶ 403. [*Lumieres larges.*] C'est en vain que vous travaillez, si vous ne conservez vos Lumieres larges ; puisque sans elles vostre Ouvrage ne fera jamais un bon effet de loin, & que les petites Lumieres se confondent & s'effacent à mesure que vous vous éloignez du Tableau. Cette Maxime a toûjours esté celle du Correge.

¶ 417. [*Doivent avoir du grand, & les Contours nobles ;*] comme les Ouvrages Antiques nous le montrent.

¶ 422. [*Ainsi il n'y a rien de plus pernicieux à un Enfant qui, &c.*] L'on se met ordinairement sous la Discipline d'un Maistre dont on a bonne opinion, & dont on embrasse facilement la Maniere, laquelle prend racine & s'augmente à mesure qu'on le voit travailler, & que l'on copie ses Ouvrages : Elle arrive souvent à tel point, & fait de si grands progrez dans l'esprit du Disciple, qu'il ne peut donner son approbation à quelqu'autre Maniere que ce soit, & ne croit pas qu'il y ait un plus habile homme que son Maistre au reste du monde. Mais ce qui est en cecy de plus remarquable, c'est que l'on voit toûjours la Nature semblable à la Maniere que l'on ayme, & dont on est instruit, laquelle est comme un verre au travers duquel nous voyons les objets, & qui leur communique sa Couleur, sans que nous nous en appercevions. Apres cela voyez de quelle consequence il est de bien choisir un Maistre, & de suivre dans les commencemens la Maniere de ceux qui ont le plus appro-

sur l'Art de Peinture. 139

ché de la Nature. Et combien croyez-vous que les méchantes Manieres qui ont esté en France ont fait de tort aux Peintres de cette Nation, & ont esté un obstacle pour connoistre le bien, ou pour y arriver apres l'avoir connu. Les Italiens disent à ceux qu'ils voyent infectez de quelque méchante Maniere laquelle ils ne sçauroient quitter, *Si vous ne sçaviez rien, vous sçauriez bien-tost quelque chose.*

¶ 432. [*Cherchez tout ce qui aide vostre Art & qui luy convient, fuyez tout ce qui luy repugne.*] Ce Precepte est admirable : il faut que le Peintre l'aye toûjours present dans l'esprit & dans la memoire ; c'est luy qui resout les difficultez que les Regles font naistre, c'est luy qui délie les mains & qui aide l'entendement, c'est luy enfin qui met le Peintre en liberté, puis qu'il luy apprend, qu'il ne doit point s'assujettir servilement & en esclave aux Regles de son Art ; mais bien que les Regles de son Art luy doivent estre sujettes, en ne l'empeschant point de suivre son Genie qui les passe.

¶ 434. [*Les Corps de diverse nature agrouppez ensemble, sont plaisans à la veuë.*] Comme les Fleurs, les Fruits, les Animaux, les Peaux, les Satins, les Velours, les belles Chairs, les Argenteries, les Armures, les Instrumens de Musique, les Ornemens des Sacrifices Antiques, & mille autres diversitez agreables, dont le Peintre pourra s'aviser. Il est certain que la diversité des objets recrée la veuë, quand ils sont sans confusion, & qu'ils ne diminuent en rien la force du Sujet que l'on traite. L'experience nous apprend, que l'œil se lasse de voir toûjours les mesmes choses, non seulement dans les Tableaux, mais encore dans la Nature : car qui est-ce qui ne s'ennuiroit pas dans une longue foreſt, ou dans une plaine denuée d'arbres, ou parmi une quantité de montagnes, qui ne feroient voir pour tout agrément que du haut & du bas ? Auſſi pour ſatisfaire l'œil de l'entendement, les meilleurs Autheurs ont eu l'adreſſe de ſemer leurs Ouvrages de digreſſions agreables, pour delaſſer l'eſprit. La prudence en cela, comme en toute autre choſe, eſt un grand guide : & de meſme que les digreſſions trop longues, & qui emportent hors du Sujet, ſont impertinentes; ainſi qui voudroit ſous pretexte de divertir les yeux faire trouver dans un Tableau des varietez qui alteraſſent la verité de l'Hiſtoire, feroit une choſe tres-ridicule.

¶ 435. [*Auſſi bien que les choſes qui paroiſſent eſtre faites avec Facilité.*] Cette Facilité attire d'autant plus nos yeux & nos eſprits, qu'il eſt à preſumer qu'un beau travail qui nous paroiſt facile, vient d'une main ſçavante & conſommée. C'eſt dans cette Partie qu'Apelle ſe ſentoit plus fort que Protogene, lors qu'il le blâmoit de ne ſçavoir pas retirer ſa main de deſſus ſon Tableau, & de conſumer trop de temps à ſon Ouvrage : Et c'eſt pour cela qu'il diſoit hautement, *Que ce qui portoit plus de prejudice aux Peintres, eſtoit le trop d'exactitude, & que la pluſpart ne ſçavoient pas connoiſtre ce qui eſtoit* ASSEZ. Il eſt vray que cét *aſſez* eſt difficile à connoiſtre. Ce qu'il y a à faire eſt, de bien penſer à voſtre Sujet, & de quelle maniere vous le traiterez ſelon vos Regles & la force de voſtre Genie, & en ſuite de travailler avec toute la Facilité & toute la promptitude dont vous ſerez capable, sans vous rompre si fort la teste, & sans estre si fort industrieux à faire naistre des difficultez dans vostre Ouvrage. Mais il est impossible d'avoir cette Facilité, sans posseder parfaitement toutes les Regles de l'Art, & s'en estre fait une habitude : car la Facilité consiste à ne faire precisement que l'Ouvrage qu'il faut, & à mettre chaque chose dans sa place avec promptitude : ce qui ne se peut sans les Regles, qui sont des moyens assurez pour vous conduire, & pour terminer vos Ouvrages avec plaisir. Il est donc certain, contre l'opinion de plusieurs, que les Regles donnent de la Facilité, de la tranquillité & de la promptitude dans les esprits les plus tardifs, & que ces mesmes Regles augmentent & dirigent cette Facilité dans ceux qui l'ont déja receuë d'une heureuse naissance.

D'où il s'ensuit que l'on peut considerer la Facilité de deux façons, ou simplement, comme une diligence & une promptitude d'esprit & de main, ou comme une disposition dans l'esprit de lever promptement toutes les difficultez qui se peuvent former dans l'Ouvrage : La premiere vient d'un temperament actif & plein de feu, & l'autre d'une veritable Science & d'une possession des Regles infaillibles ; celle-là est agreable, mais elle n'est pas toujours sans inquietude, parce qu'elle fait égarer souvent ; & celle-cy au contraire fait agir avec un repos d'esprit & une tranquillité merveilleuse : car elle nous asseure de la bonté de nostre Ouvrage : c'est beaucoup que d'avoir la premiere ; mais c'est le comble de la perfection de les avoir l'une & l'autre, telle que les ont possedées Rubens & Vandeik, excepté la Partie du Dessein, qu'ils ont trop negligée.

Ceux qui difent que les Regles bien loin de donner de la Facilité, au contraire embaraffent l'efprit & retiennent la main, font des gens pour l'ordinaire qui ont paffé la moitié de leur vie dans une mauvaife pratique, dont l'habitude eft tellement inveterée, que de la vouloir changer par les Regles, c'eft les mettre tout-d'un-coup hors d'eftat de rien faire, de mefme que l'on rendroit muët un Païfan de quarante ans, lequel on voudroit faire parler felon les Regles de la Grammaire.

Remarquez, s'il vous plaift, que la Facilité & la Diligence, dont je viens de parler, ne confiftent pas à faire ce qu'on appelle des traits hardis, & à donner des coups de pinceau libres, s'ils ne font un grand effet d'une diftance éloignée: Cette forte de liberté eft plûtoft d'un Maiftre à écrire que d'un Peintre. Ie dis bien davantage, il eft prefque impoffible que les chofes peintes paroiffent vrayes & naturelles, quand on y remarque ces fortes de traits hardis: & tous ceux qui ont le plus approché de la Nature, ne fe font pas fervis de cette Maniere de peindre. Tous ces cheveux filez & ces coups de pinceau qui forment des hachures, font à la verité admirables: mais ils ne trompent pas la veuë.

¶ 442. [*Et que vous n'ayez prefent dans l'efprit l'effet de voftre Ouvrage.*] Si vous voulez avoir du plaifir en peignant, il faut avoir tellement penfé à l'œconomie de voftre Ouvrage, qu'il foit entierement fait & difposé dans voftre tefte, avant qu'il foit commencé fur la toile: il faut, dis-je, prevoir l'effet des Grouppes, le Fond, & le Clair-Obfcur de chaque chofe, l'Harmonie des Couleurs, & l'intelligence de tout le Sujet

sur l'Art de Peinture. 143

en sorte, que ce que vous mettrez sur la toile ne soit qu'une Copie de ce que vous avez dans l'esprit. Si vous vous servez de cette conduite, vous n'aurez pas la peine de changer & rechanger tant de fois.

¶ 445. [*Tirez vostre profit des Avis des Gens doctes, & ne méprisez pas avec arrogance d'apprendre, &c.*] Parrasius & Cliton se trouverent fort obligez à Socrate des Avis qu'il leur donna sur les Passions. Voyez le Dialogue qu'ils font ensemble dans Xenophon sur la fin du 3. l. de ses Memoires. *Ceux qui souffrent plus volontiers d'estre repris* (dit Pline le Ieune), *sont ceux-là mesme en qui l'on trouve beaucoup plus à loüer qu'aux autres.* Lysippus estoit ravi qu'Apelle luy dist son sentiment, comme Apelle recevoit celuy de Lysippus avec plaisir. Ce que dit Praxitele de Nicias dans Pline, est d'un esprit bienfait & bien humble. *Praxitele interrogé lequel de tous ses Ouvrages il estimoit le plus, ceux, dit-il, que Nicias a retouchez ; tant il faisoit cas de sa Critique & de son Sentiment.* Vous sçavez ce qu'Apelle faisoit quand il avoit achevé quelque Ouvrage. Il l'exposoit aux Passans, & se cachoit derriere, pour écouter ses deffauts, dans la pensée d'en profiter quand on les luy auroit fait connoistre, sçachant bien que le peuple les examineroit plus rigoureusement que luy, & ne pardonneroit pas la moindre faute.

Les Sentimens & les Conseils de plusieurs ensemble sont toûjours preferables à l'Avis d'une seule personne ; & Ciceron s'étonne comme il y en a qui s'enyvrent de leurs productions, & qui se disent l'un à l'autre, *Hé bien, si vos Ouvrages vous plaisent, les miens ne me dé-*

l. 20.

35. 2.

Tusc. l. 5.

plaisent pas. En effet, il y en a beaucoup qui par presomption, ou par honte d'estre repris, ne font pas voir leur Ouvrage : mais il n'y a rien de pire ; car *le vice se nourrit & s'augmente quand on le tient caché.* Il n'y a que les fous (dit Horace) *à qui la honte fait celer leurs ulceres, au lieu de les montrer, pour les faire guerir.*

Virg. 3. Georg.

L. 1. ep. 16.

Stultorum incurata malus pudor ulcera celat. Il y en a d'autres qui n'ont pas tout-à-fait cette sotte pudeur, & qui demandent le sentiment d'un chacun avec prieres & avec instance : mais si vous leur dites ingenuëment leurs deffauts, ils ne manqueront pas aussi-tost d'en donner quelque mauvaise excuse, ou qui pis est, de vous sçavoir un fort mauvais gré du service que vous avez crû leur rendre, & qu'ils ne vous ont demandé que par grimace & par une certaine coûtume établie parmi la plusspart des Peintres. Si vous voulez vous mettre en quelque estime, & vous acquerir de la reputation par vos Ouvrages, il n'y en a pas un meilleur moyen, que de les faire voir aux personnes de bon sens, & principalement à ceux qui s'y connoissent, & recevoir leur avis avec la mesme douceur & la mesme sincerité que vous les avez priez de vous le dire. Vous devez mesme estre industrieux pour découvrir le sentiment de vos ennemis, qui est pour l'ordinaire le plus veritable : car vous devez estre asseuré qu'ils ne vous pardonneront pas, & qu'ils ne donneront rien à la complaisance.

¶ 448. [*Mais si vous n'avez pas d'Ami sçavant qui vous, &c.*] Quintilien en donne la raison, quand il dit, *Que le meilleur moyen de corriger ses deffauts, est sans doute de détourner*

pour

pour quelque temps de noſtre veuë nos Deſſeins & nos Tableaux, afin qu'apres quelque intervalle nous les regardions avec des yeux frais, comme un Ouvrage nouveau & ſorti d'une autre main que de la noſtre. Nos Productions ne nous flatent toûjours que trop, & il eſt impoſſible de ne les pas aimer au moment de leur naiſſance ; ce ſont des enfans dans un âge tendre, qui ne ſont pas capables d'attirer noſtre haine. On dit que les Singes, ſi-toſt qu'ils ont mis leurs petits au monde, ont toûjours leurs yeux collez deſſus, & ne ſçauroient ſe laſſer d'en admirer la beauté; tant la Nature eſt amoureuſe de ce qu'elle produit.

458. [*Afin de cultiver les talens qui font ſon Genie, & qu'il a, &c.*]

Qui ſua metitur pondera ; ferre poteſt.
Pour ne rien entreprendre au deſſus de ſes forces, il faut s'étudier à les connoiſtre ; c'eſt une prudence de laquelle dépend noſtre reputation. Ciceron l'appelle *une bonne Grace*; parce qu'elle nous fait voir dans noſtre luſtre : Il dit, *Que c'eſt encore une bien-ſeance que nous ferons facilement paroiſtre, ſi nous ſommes ſoigneux de cultiver ce que la Nature nous a donné comme en propre, pourveu que ce ne ſoit pas un vice ou une imperfection. Il ne faut rien entreprendre qui repugne à la Nature en general ; & lors que nous luy aurons rendu ce devoir, nous devons ſuivre ſi religieuſement noſtre propre Naturel, qu'encore qu'il ſe preſente d'autres choſes plus ſerieuſes & plus importantes, nous conformions toûjours nos eſtudes & nos exercices à nos inclinations naturelles. Il ne ſert de rien de diſputer contre la Nature, de penſer obtenir ce qu'elle refuſe, &*

1. Off.

de suivre éternellement ce qu'on ne peut jamais atteindre : car, comme dit le Proverbe, On ne fait rien qui puisse plaire & qui soit bien-seant, s'il est fait en depit de Minerve, c'est à dire, en depit de la Nature. Apres avoir consideré toutes ces choses avec attention, il faut que chacun regarde ce que la Nature luy a donné de particulier, & qu'il le cultive soigneusement. Il ne faut pas qu'il se mette en peine d'éprouver s'il luy sera bien-seant de se revestir du Naturel d'autruy, &, pour ainsi dire, de representer le personnage d'un autre. Il n'y a rien qui nous convienne mieux que ce qui nous est particulierement donné de la Nature. Que chacun connoisse donc son esprit, & que sans se flater, il juge luy-mesme de ses vertus & de ses vices, afin qu'il ne semble pas qu'il ait moins de prudence & de jugement que les Comediens, qui ne choisissent pas toûjours les meilleures pieces, mais celles qui leur sont les plus propres & qu'ils pourront mieux representer. Ainsi nous devons nous arrester aux choses pour lesquelles nous avons plus d'inclination ; & s'il arrive quelque-fois que la necessité nous contraigne de nous appliquer à celles à quoy nous ne sommes pas enclins, il faut faire en sorte par nos soins & par nostre industrie, que si nous ne les faisons pas fort bien, du moins nous ne les fassions pas si mal, que nous en recevions de la honte. Il ne faut pas tant s'efforcer de faire paroistre en nous les vertus que nous n'avons pas, qu'il faut eviter les imperfections qui nous pourroient des-honorer. Ce sont là les sentimens & les paroles de Ciceron, que je n'ay fait que traduire en retranchant seulement ce qui ne servoit de rien au Sujet : Ie n'ay pas crû y devoir rien adjoûter,

& l'esprit du Lecteur y trouvera sans doute de quoy se satisfaire.

464. [*En meditant sur ces veritez, en les observant soigneusement, &c.*] Il y a grande liaison de ce Precepte à cét autre qui dit, *Qu'aucun jour ne se passe sans tirer quelque ligne.* Il est impossible d'estre habile homme sans se faire une habitude de son Art, & il est impossible d'acquerir une parfaite habitude sans une infinité d'actes & sans pratiquer continuellement. Dans tous les Arts les Preceptes s'apprennent en tres-peu de temps; mais la perfection ne s'acquiert que par une longue pratique & par une severe diligence. *Nous n'avons encore jamais veu que la paresse nous ait produit rien de beau* (dit Maxime de Tyr) & Quint. dit, *Que les Arts tirent leurs commencemens de la Nature, le besoin que l'on en a fait que l'on cherche les moyens de s'y rendre habile, & l'exercice les perfectionne entierement.*

Diff. 34.

467. [*La plus belle & la meilleure partie de nos jours est celle du matin ;*] Parce que l'Imagination n'est pas offusquée par les vapeurs des viandes, ny distraite par les visites qui ne se font pas ordinairement le matin, & que l'esprit par le sommeil de la nuit se trouve frais & delassé de la fatigue de l'estude. Malherbe dit fort bien à propos de cecy,

Le plus beau de nos jours est dans leur matinée.

469. [*Qu'aucun jour ne se passe sans tirer quelque ligne;*] C'est à dire, sans travailler, sans dôner quelque coup de pinceau ou de crayon. Ce Precepte est d'Apelle ; & il est d'autant plus necessaire, que la Peinture est un Art de longue haleine, & qui ne s'apprend qu'à force de prati-

K ij

quer. Michelange à l'âge de quatre-vingt ans diſoit qu'il apprenoit tous les jours.

¶ 472. [*Soyez prompt à mettre ſur vos Tablettes, &c.*] Comme ont fait le Titien & les Caraches. L'on voit entre les mains des Curieux de Peinture quantité d'Eſtudes & de Remarques que ces grands Hommes ont faites ſur des feüilles, & ſur des Livres en Tabletes qu'ils portoient toûjours ſur eux.

Pl. 35. 10.

¶ 475. [*La Peinture ne ſe plaiſt pas trop dans le vin, ny dans la bonne chere, ſi ce n'eſt, &c.*] Pendant le temps que Protogene travailla à ſon Ialiſus, qui eſtoit le plus beau de tous ſes Tableaux, il ne prit pour toute nourriture que des * legumes dans un peu d'eau, qui luy ſervoient de boire & de manger, de peur de ſuffoquer l'imagination par la delicateſſe des viandes. Michelange ne prit que du pain & du vin à ſon diſner tant que dura l'Ouvrage de ſon Iugement univerſel : & Vaſari remarque dans ſa vie, qu'il eſtoit ſi ſobre, qu'il ne dormoit que tres-peu, & qu'il ſe levoit ſouvent la nuit pour travailler, n'en eſtant point empeſché par les vapeurs des viandes.

* Des Lupins détrempez. Il y a dã, l'original, *Lupinos madidos*.

¶ 479. [*Mais dans la liberté du Celibat.*] On ne voit jamais des fruits d'une beauté fort grande ny d'un gouſt fort exquis, leſquels viennent d'un arbre entouré de brouſſailles & d'épines. Le Mariage nous attire des affaires, nous fait naiſtre des procez, & nous charge de mille ſoins domeſtiques, qui ſont autant d'épines qui environnent le Peintre, & qui l'empeſchent de produire des Ouvrages dans la perfection dont il ſeroit capable. Raphaël, Michelange, & Annibal Carache ne ſe ſont jamais mariez ; & de

sur l'Art de Peinture. 149

tous les Peintres de l'Antiquité on ne voit pas dans les Autheurs qu'aucun ait pris de femme, si ce n'est Apelle, à qui le Grand Alexandre fit present de Campaspe sa Maistresse. Ce qui soit dit sans consequence du Sacrement de Mariage, qui attire beaucoup de benedictions dans les Familles par les soins d'une bonne femme. Si le Mariage est un remede contre la concupiscence, il l'est doublement à l'égard des Peintres, qui sont plus souvent dans les occasions du peché que d'autres, à cause du besoin qu'ils ont de voir le Naturel. Que chacun examine ses forces là-dessus, & qu'il prefere l'interest de son Ame à celuy de son Art & de sa fortune.

¶ 480. [*Elle s'éloigne autant qu'elle peut du bruit & du tumulte, pour, &c.*] J'ay dit sur la fin de la premiere Remarque, que la Peinture & la Poësie estoient l'une & l'autre appuyées sur les forces de l'Imagination : Or il n'y a rien qui l'échauffe davantage que le repos & la solitude; parce que dans cét estat l'esprit estant vuide de toutes sortes d'affaires, & à couvert de l'embaras des visites incommodes, il est plus capable de former de belles pensées, & de s'y appliquer.
Carmina secessum Scribentis & otia quærunt.
La Poësie demande le repos & la retraite. On en peut fort bien dire autant de la Peinture, par la conformité qu'elle a avec la Poësie, comme je l'ay fait voir dans la premiere Remarque.

¶ 484. [*Que les avares soins de devenir riches ne vous, &c.*] On voit dans Pline que Nicias refusa * cent mille livres du Roy Attalus, & qu'il aima mieux donner son Tableau à sa Patrie. *J'ay demandé à un homme de grande prudence* (dit un Autheur grave) *en*

* Soixante Talens.

Arbiter.

K iij

quel temps avoient esté faits les beaux Tableaux que nous voyons, & qu'il m'expliquast quelques-uns de leurs Sujets que je n'entendois pas tout-à-fait bien. Ie luy demanday aussi la cause de cette grande negligence que l'on remarque presentement dans les Ouvriers, & d'où vient que les plus beaux Arts estoient ensevelis, & principalement la Peinture, dont on ne voit presentement que l'ombre. A quoy il me répondit, Que le desir immoderé des richesses avoit donné lieu à ce changement: car anciennement que la vertu toute nuë avoit des charmes, les beaux Arts estoient dans leur vigueur; & s'il y avoit quelque debat entre les hommes, c'estoit à qui découvriroit le premier quelque chose qui fust utile à la posterité. Lysippe & Miron, ces illustres Sculpteurs, qui sceurent donner une ame à la bronze, ne trouverent point d'heritiers apres leur mort; parce qu'ils furent plus soigneux de s'acquerir de la gloire que de l'argent. Mais pour nous autres, il semble par nostre conduite que nous reprochions à l'Antiquité d'avoir esté trop avide de la vertu, comme nous le sommes du vice. Ne vous étonnez donc pas tant si la Peinture a perdu ses forces & sa vigueur ; puisque les hommes trouvent une masse d'or plus belle cent fois que tout ce qu'a fait Apelle & Phidias, & tout ce que la Grace a produit de plus beau. Ie ne demanderois pas cette grande severité parmi nos Peintres : car je sçay que l'esperance du gain est un merveilleux aiguillon dans les Arts, & qu'elle donne de l'industrie ; d'où vient que Iuvenal dit des Grecs mesme, qui ont esté les Inventeurs de la Peinture, & qui en ont les premiers connu toutes les Graces & la perfection.

sur l'Art de Peinture.

Græculus esuriens in Cœlum, jusseris, ibit. Sat. 3.

Mais je voudrois que cette mesme esperance en les flatant ne les corrompist point, & ne fust pas capable de leur tirer des mains un Ouvrage imparfait & mal arresté, pour avoir esté fait trop à la haste & sans reflexion.

487. [*Les qualitez, &c.*] Dans la verité il y en a bien peu qui ayent les qualitez que nostre Autheur demande ; aussi y a-t'il bien peu d'habiles Peintres. Il n'estoit autre-fois permis qu'aux Nobles d'exercer la Peinture ; parce qu'il est à presumer que toutes ces qualitez ne se rencontrent pas ordinairement parmi des gens de basse naissance ; & l'on peut apparamment esperer que s'il n'y a point d'Edit en France qui oste la liberté de peindre à ceux à qui la naissance a refusé un sang noble, du moins que l'Academie Royale n'admettra d'orenavant que ceux à qui toutes les bonnes qualitez & tous les talens necessaires pour la Peinture tiendront lieu de naissance. Il est certain que ce qui avilit la Peinture, & ce qui la fait descendre jusqu'à la bassesse des Mestiers les plus méprisables, est le grand nombre de Peintres qui n'ont ny esprit ny talent, & quasi pas mesme de sens commun. L'origine de ce grand mal est que l'on a toûjours admis dans les Ecoles de Peinture toute sorte d'enfans indifferamment, sans les examiner & sans observer durant quelque temps s'ils sont conduits à ce bel Art par la disposition de leur esprit & par les talens necessaires, plûtost que par une folle inclination ou par l'avarice de leurs parens, qui les mettent dans la Peinture comme dans un Métier qu'ils croyent peut-estre un peu plus lucratif qu'un autre. Ces qualitez sont, d'avoir

Le Iugement bon, pour ne rien faire contre la raiſon & la vraye-ſemblance.

L'Esprit docile, pour profiter des enſeignemens, & pour recevoir ſans arrogance le ſentiment d'un chacun, & principalement des gens éclairez.

Le Cœur noble, pour avoir plûtoſt en veüe la gloire & la reputation que les richeſſes.

Le Sens sublime, pour concevoir promptement, pour produire de belles Idées, & pour traiter les Sujets d'une maniere haute, où l'on puiſſe remarquer du fin, du delicat, & du precieux.

De la Ferveur, pour arriver au moins juſqu'à certain degré de perfection, ſans ſe laſſer des études que demande la Peinture.

De la Santé, pour reſiſter à la diſſipation des eſprits, qui ſe fait dans l'application.

De la Ieunesse, parce que la Peinture demande beaucoup d'experience & de pratique.

De la Beauté, parce que le Peintre ſe peint toûjours dans ſes Tableaux, & que la Nature aime à produire ſon ſemblable.

La Commodité des Biens, pour avoir tout le temps d'étudier & de travailler en repos, ſans eſtre troublé de l'image affreuſe & terrible de la pauvreté.

Le Travail, parce que la Theorie n'eſt rien ſans la pratique.

L'Amour pour son Art. Nous ne ſouffrons jamais dans le travail que nous aimons; & s'il arrive que nous y ſouffrions, nous y aimons la peine.

Et d'estre sous la Discipline d'un sçavant Maistre; parce que

sur l'Art de Peinture.

tout dépend quasi des commencemens, & qu'ordinairement l'on prend la Maniere de son Maistre, & que l'on se fait à son goust. Voyez le Vers 422. & la Remarque que j'ay faite dessus.

Toutes ces belles qualitez seront ingrates & comme inutiles au Peintre, si les dispositions exterieures n'y répondent, je veux dire, le temps favorable, comme est celuy de la Paix, qui est la Nourrice des beaux Arts. Il faut encore l'occasion, pour faire voir par quelque Ouvrage considerable ce que l'on sçait faire, & un Protecteur qui soit une personne d'authorité, qui prenne en quelque façon le soin de nostre fortune, & qui sçache dire du bien de nous en temps & lieu. *Il importe beaucoup* (dit Pline le Ieune) *en quel temps la vertu paroisse, & il n'y a point d'esprit, quelque beau qu'il soit, qui puisse tout d'un coup se faire connoistre : il faut pour cela le temps, l'occasion, & une personne qui nous aide de sa faveur, qui nous protege & nous serve de Mœcenas.* c. 23.

¶ 496. [*Et la vie est si courte, qu'elle ne suffit pas pour un Art de si longue haleine.*] Non seulement la Peinture, mais tous les Arts considerez en eux-mesmes demandent un temps presque infini, pour les posseder parfaitement. C'est dans ce sens là qu'Hyppocrate commence ses Aphorismes, en disant, *Que l'Art est long, & la vie courte* : Mais si nous considerons les Arts comme ils sont en nous-mesmes & selon certain degré de perfection, suffisant pour faire voir que nous les possedons au dessus du commun, nous ne trouverons pas que la vie soit trop courte, pourveu que nous en voulions employer le temps. Il est vray que la Peinture est un Art difficile & d'une grande entreprise : mais il ne faut pas pour cela que ceux qui ont les talens necessaires se rebutent & perdent courage. *Le travail paroist toûjours difficile avant qu'on en ait essayé.* On a trouvé comme impossible le passage des mers & la connoissance des Astres, dont neantmoins on est venu facilement à bout par l'experience. *Il est honteux* (dit Ciceron) *de se lasser en cherchant, quand ce que l'on cherche est une belle chose.* Ce qui nous fait perdre plus de temps est la repugnance que nous avons pour le travail, & l'ignorance, la malice, & la negligence de nos Maistres. Nous en consumons une grande partie à nous promener, à causer inutilement, à faire des visites ou à les recevoir, nous en donnons au jeu & à tous les plaisirs qui nous flatent, sans compter celuy que nous perdons dans le trop grand soin que nous avons de nostre corps, & dans le sommeil que nous prolongeons quelque-fois bien avant dans le jour : & nous passons ainsi la vie que nous trouvons courte ; parce que nous comptons plûtost les années que nous avons vescu, que celles que nous avons employées à l'étude. Il a bien fallu que ceux qui ont esté devant nous ayent franchi toutes les difficultez pour venir dans la perfection que nous montrent leurs Ouvrages, encore qu'ils n'ayent pas eu tous les avantages que nous avons, & que personne n'ait travaillé pour eux, comme ils ont fait pour nous. Car il est constant que les Maistres de l'Antiquité & ceux des derniers siecles nous ont laissé tant de beaux Exemplaires, qu'on ne peut pas voir un âge plus heureux que le nostre, & principalement sous le Regne de nostre Roy, qui flate tous les beaux Arts, & qui n'é-

Vegetius de re militari l. 2.

L. 1. de Fin.

sur l'Art de Peinture.

pargne rien pour leur faire part de la felicité dont il comble son Empire, & pour les conduire avantageusement jusqu'à un supréme degré d'excellence, qui soit digne de sa Majesté & du souverain amour qu'il leur porte. Mettons donc la main à l'œuvre, sans nous intimider de l'espace du long-temps que peut demander l'étude. Mais songeons bien serieusement à y tenir un bon ordre, & à suivre une methode prompte, diligente & bien entenduë.

¶ 500. [*Courage donc chers Enfans de Minerve, qui estes nez sous l'influence d'un Astre benin.*] Nostre Autheur ne pretend pas semer icy en terre ingrate, où ses Preceptes ne feroient aucun fruit. Il parle aux jeunes Peintres; mais seulement à ceux *qui sont nez sous l'influence d'un Astre benin*: c'est à dire, à qui la naissance a donné les dispositions necessaires, pour devenir habiles : & non pas à ceux qui embrassent la Peinture par caprice, par une folle inclination, ou par interest; & qui ne sont pas capables de recevoir des Regles, ou qui en feront un mauvais usage apres les avoir receuës.

¶ 509. [*Pour bien faire, &c.*] Nostre Autheur ne parle point icy des premiers commencemens du Dessein, comme du maniement du crayon, du juste rapport que doit avoir la Copie avec son Original, &c. Il suppose devant que de commencer ses études, que l'on doit avoir une facilité dans la main, pour imiter les beaux Desseins, les beaux Tableaux, & la ronde bosse; que l'on doit enfin s'estre fait un Clef du Dessein, pour entrer chez Minerve, où toutes les belles choses se trouvent en abondance, & s'offrent à nous, pour en profiter selon nos soins & nostre Genie.

¶ 509. [*Vous commencerez par la Geometrie.*] parce que c'est le fondement de la Perspective, sans laquelle vous ne pouvez rien faire en Peinture. La Geometrie est encore tres-utile pour l'Architecture & pour tout ce qui en dépend. Elle est specialement necessaire aux Sculpteurs.

¶ 510. [*Mettez-vous à dessseigner d'apres les Antiques Grecques* ;] parce qu'elles sont la Regle de la Beauté, & qu'elles nous donnent le bon goust. Il est donc fort à propos, generalement parlant, de s'y attacher : mais en particulier voicy le fruit que je voudrois que l'on en tirast.

Apprendre par cœur quatre airs de teste, d'homme, de femme, d'enfant, & de vieillard, je veux dire, celles qui ont l'approbation la plus generale : par exemple, celles d'Apollon, de la Venus de Medicis, du petit Neron & du Tibre. Ce seroit un bon moyen de les apprendre, si en ayant desseigné une d'apres la bosse, on la desseignoit incontinent apres sans rien voir, examinant ensuite si elle est conforme au premier Dessein ; s'exerçant ainsi sur une mesme teste, en la tournant de dix ou douze costez. Il faudra faire la mesme chose pour des pieds, des mains, & ensuite pour des Figures toutes entieres ; mais pour connoistre la beauté de ces Figures & la justesse de leurs Contours, il faut necessairement sçavoir l'Anatomie. Quand je parle de quatre testes & de quatre Figures, je ne pretens pas empescher que l'on n'en desseigne quantité d'autres apres cét étude ; mais je veux seulement montrer par-là, qu'une grande varieté de choses en mesme temps dissipe l'imagination & empesche tout le profit, de mesme que la trop grande diversité de viandes ne se digere pas facilement, elle gaste l'estomac au lieu de nourrir les parties.

¶ 511. [*Et ne vous donnez point de relasche ny jour ny nuit, qu'auparavant, &c.*] Dans les premiers principes les Etudians n'ont pas tant besoin de Preceptes comme de Pratique; & les Antiques estant la Regle de la Beauté, l'on peut s'exercer à les imiter, sans qu'il y ait rien à craindre du costé des mauvaises habitudes & des mauvaises idées qui se peuvent former dans un jeune esprit. Ce n'est pas comme dans l'Ecole d'un Maistre dont la Maniere & le goust sont mauvais, & chez lequel un Ieune-homme se gaste d'autant plus qu'il s'exerce.

¶ 513. [*Et ensuite, lors que le Iugement se sera fortifié, & sera, &c.*] On a besoin d'avoir l'esprit formé & le jugement mur, pour faire l'application de ses Regles sur les bons Tableaux, & pour n'en prendre que le bon : car il y en a qui s'imaginent que tout ce qui se trouve dans le Tableau d'un Maistre qui a de la reputation, doit estre bon ; & ces gens-là ne manquent jamais en copiant de s'attacher aux mauvaises choses comme aux bonnes, de les remarquer d'autant plus qu'elles leur paroissent extraordinaires, & ensuite de s'en faire une Loy & un Precepte. Il ne faut pas aussi en prendre le bon d'une maniere cruë & grossiere, en sorte que l'on reconnoisse dans vos Ouvrages que ce qui y est de plus beau, vient d'apres un tel Maistre : Mais imitez en cecy les abeilles, qui vont dans les campagnes cueillir de chaque fleur ce qu'elles en trouvent de plus propre pour en faire le miel. Ainsi il faut que le jeune Peintre ramasse de plusieurs Tableaux ce qu'il en trouvera de meilleur, & que de tout cela il se forme une Maniere qui luy soit propre.

¶ 520. [*Vne certaine Grace qui luy eſtoit toute particuliere.*] Raphaël eſt comparable en cela à Apelle, qui en loüant les Ouvrages des autres, diſoit, que cette Grace leur manquoit, & qu'il voyoit bien qu'il n'y avoit que luy ſeul qui l'euſt en partage. Voyez la Remarque ſur le 218ᵐᵉ Vers.

¶ 522. [*Iules Romain élevé dés ſon enfance, dans le Païs des Muſes.*] Il veut dire dans les Lettres humaines, & principalement dans la Poëſie, qu'il aimoit extremement. Il ſemble qu'il ait formé ſes idées, & ſe ſoit fait le gouſt dans la lecture d'Homere ; & en cela il auroit imité Polignote & Zeuxis, leſquels (au rapport de Maxime de Tyr) traitoient leurs Sujets dans leurs Tableaux, comme Homere dans ſa Poëſie.

Voyez à la ſuite de ces Remarques les Sentimens de noſtre Autheur ſur les principaux & les meilleurs Peintres du Siecle precedent ; il en dit ingenuëment & en peu de mots le fort & le foible.

¶ 541. [*Ie paſſe ſous ſilence beaucoup de choſes que vous apprendrez dans le Commentaire.*] L'on voit par là combien nous perdons & le prejudice que nous fait la mort, cette envieuſe du bon-heur des hommes ; puiſque ces Commentaires auroient ſans doute contenu de tres-bonnes choſes & fort inſtructives.

¶ 544. [*Donner en garde aux Muſes* ;] c'eſt à dire, d'écrire en Poëſie, laquelle eſt ſous leur protection, & leur eſt conſacrée.

SENTIMENS
DE CHARLES ALPHONSE
DV FRESNOY
SUR LES OUVRAGES
des principaux & des meilleurs Peintres
des derniers Siecles.

LA PEINTVRE a esté dans sa perfection chez les Grecs. Ses principales Ecoles estoient à Sicyone, puis à Rodes, à Athenes & à Corinthe; puis enfin à Rome. Les guerres & le luxe ayant dissipé l'Empire Romain, elle s'éteignit entierement avec tous les beaux Arts, les belles Lettres, & le reste des autres Sciences. Elle recommença à paroistre en 1450. parmi quelques Peintres Florentins, entre lesquels DOMENICO GHIRLANDAI, *Maistre de Michelange, eut quelque nom, quoy que sa Maniere fust Gottique & tres-seiche.*

MICHELANGE, son Disciple, parut du temps de Iules II. Leon X. Paul III. & jusques à huit Papes suivans. Il fut Peintre, Sculpteur & Architecte civil & militaire. Le choix qu'il a fait des Attitudes n'a pas toûjours esté excellent ny agreable: Son goust de desseigner ne se peut pas dire des plus fins, ny ses Con-

tours des plus élegans. Ses plis ny ses accommodemens ne sont pas bien beaux ny gracieux ; il est assez bigearre & extravagant dans ses compositions, temeraire & hardi pour prendre des licences contre les Regles de Perspective. Son Coloris n'est pas fort vray, ny plaisant. Il a ignoré l'Artifice du Clair-Obscur. Il a desseigné le plus doctement, & a mieux sçeu tous les attachemens des os, la fonction & la situation des muscles, qu'aucun Peintre que nous ayons d'entre les Modernes. Il a une certaine grandeur & severité dans ses Figures, qui luy a réüssi en beaucoup d'endroits. Mais sur tout il a esté le plus grand Architecte qui se retrouve de nostre connoissance, ayant passé mesme les Anciens : Saint Pierre de Rome, Saint Jean de Florence, le Capitole, le Palais Farnese, & sa Maison en font foy. Ses Disciples furent, Marcel Venuste, André de Vattere, le Rosse, George Vasare, Fra Bastian lequel peignoit ordinairement pour luy, & quantité d'autres Florentins.

PIERRE PERVGIN a desseigné avec assez d'intelligence du Naturel, mais sec & aride & de petite Maniere. Il a eu pour Disciple

RAPHAEL SANTIO, lequel nâquit le Vendredy Saint de l'année 1483. & mourut le mesme jour de Vendredy Saint l'année 1520. de sorte qu'il n'a vescu que trente-sept ans. Il a surpassé tous les Peintres modernes, pour avoir eu plus de Parties excellentes toutes à la fois, & l'on croit qu'il a égalé les Anciens, à la reserve qu'il n'a pas desseigné le Nud si doctement que Michelange : mais son Goust de desseigner est bien plus pur & meilleur : il n'a pas peint de si bonne, de si pleine, & de si gracieuse Maniere que le Correge, ny n'a point eu un Contraste de Clair-Obscur & de Couleur si fier & si débroüillé que le Titien : mais il a mieux disposé sans comparaison que Titien, que le Correge, que Michelange, & que tous les autres Peintres qui sont

venus

depuis. Son élection d'Attitudes, de testes, & d'ornemens, ses accommodemens de Draperies, sa Maniere de desseigner, ses Varietez, ses Contrastes, ses Expressions ont esté parfaitement belles: mais surtout il a possedé les Graces avec tant d'avantage, que nous ne voyons pas que personne en approche. Il se voit des Portraits de luy tres-bien traitez. Il a esté excellent Architecte. Il a esté beau & de belle taille, civil & bien-faisant, ne refusant à personne de montrer ce qu'il sçavoit. Il a eu plusieurs Disciples, entr'autres Jules Romain, Polidor, Gaudens, Jean d'Vdine, & Michel Coxis. Son Graveur a esté Marc Antoine, dont les Estampes sont admirables pour la correction des Contours.

JVLES ROMAIN fut le plus excellent de tous les Disciples de Raphaël; il a eu mesme des conceptions plus extraordinaires, plus profondes & plus relevées que son Maistre. Il fut aussi grand Architecte, d'un Goust pur & net: grand imitateur des Anciens, témoignant partout ce qu'il a produit, qu'il eut bien voulu remettre en usage les mesmes Formes & Fabriques qui estoient aux Siecles passez. Il a eu le bon-heur de trouver des personnes puissantes qui luy ont donné créance pour des Edifices des Vestibules & des Portiques tous tetrastiles, Xistes, Theatres, & autres tels lieux, que nous n'avons plus en usage. Il a eu l'élection des Attitudes merveilleuses. Sa Maniere a esté la plus dure & la plus seche de toute l'Ecole de Raphaël. Il n'a pas fort bien entendu le Clair-Obscur, non plus que la Couleur. Il est rigide & mal-gracieux en plusieurs endroits. Les plis de ses Draperies ne sont ny beaux, ny grands, ny faciles, ny naturels; mais tous imaginaires & qui donnent un peu dans les habits des méchans Comediens. Il a esté tres-sçavant dans les belles Lettres. Ses Disciples sont Pirro Ligorio, admirable pour les Fabriques Antiques, comme pour les Villes, les Temples, les Tombeaux, les Trophées, & la Situation de tous les Edifices An-

L

ciens ; *Eneas Vico*, *Bonasone*, *George Mantuan*, & autres.

 POLIDOR, Disciple de Raphaël, a merveilleusement desseigné de pratique, ayant un Genie particulier pour les Frises, comme on le voit par celles de blanc & noir qu'il a peintes à Rome. Il a imité l'Antique, mais d'une Maniere plus grande que *Jules Romain* ; toutesfois *Jules* semble estre plus vray. Il se trouve dans ses Ouvrages des Grouppes admirables, & tels qu'il ne s'en voit point de semblables autre-part. Il a colorié fort rarement ; & il a fait des Païsages d'assez bon Goust.

 A Venise JEAN BELLIN, l'un des premiers qui fut consideré, peignit extremement sec, selon la maniere de son temps. Il sceut fort bien l'Architecture & la Perspective. Il fut le premier Maistre de Titien, comme il se voit aux premiers Ouvrages de cét illustre Disciple, dans lesquels on remarque une propreté de Couleurs telle que son Maistre l'a observée.

 Environ ce temps-là Georgion, contemporain de Titien, vint à exceller pour les Portraits & pour les grands Ouvrages. Ce fut luy qui commença à faire élection des Couleurs fieres & agreables, dont on vit ensuite la perfection & l'entiere harmonie dans les Tableaux de Titien. Il accommoda tres-bien les Figures, & l'on peut dire que sans luy on n'auroit point veu Titien à un si haut degré, à cause de l'émulation & de la jalousie qui estoit entr'eux deux.

 LE TITIEN a esté l'un des plus grands Coloristes qui ayent esté au monde. Il a desseigné avec beaucoup plus de facilité & de pratique que le Georgion. Il se voit des femmes & des enfans de luy admirables de Dessein & de Couleur, le Goust en estant delicat, mignon, noble, avec une certaine negligence agreable de coiffures, de Draperies, & d'accommodemens qui luy sont tous particuliers. Pour des Figures d'hommes, il ne les a pas des mieux desseignées ; il y a mesme quelques

*Draperies de luy qui font un peu triftes & de petit Gouft. Sa Peinture eft extremement fiere, fuave & precieufe. Il a fait les Portraits merveilleufement beaux, les Attitudes en eftant tres-belles, graves, variées, & ornées d'une façon tres-avantageufe. Perfonne n'a jamais fait le Païfage de fi grande Maniere, de fi bonne Couleur, ny qui fit voir tant de verité. Il copia huit ou dix ans durant à toute rigueur tout ce qu'il faifoit, afin de fe faire un chemin facile, & de s'établir des Maximes generales. Outre cét excellent Gouft de Couleur, qu'il a eu par deffus les autres, il a fceu parfaitement donner à chaque chofe les touches qui leur eftoient convenables, qui les diftinguoient les unes des autres, & qui leur donnoient plus d'efprit & plus de verité. Les Tableaux qu'il a faits au commencement & fur le declin de fa vie, font de Maniere feiche & menuë. Il a vefcu cent moins un an. Ces Difciples furent Paul Veronefe, Iacques Tintoret, Jacques Dupont Baßan, & fes freres.

PAUL VERONESE a efté tres-gracieux dans fes Airs de femmes, avec une grande diverfité de Draperies luifantes & une vivacité & facilité incroyables: toutefois fa Compofition eft barbare, & fon Deffein n'eft point correct; mais le Coloris & tout ce qui en dépend eft fi admirable dans fes Tableaux, qu'il furprend d'abord, & fait oublier les autres Parties qui y manquent.

TINTORET, Difciple de Titien, grand Deffeignateur Praticien, & quelque-fois grand Strapaffon, avoit un Genie admirable pour la Peinture, s'il y euft autant mis d'affection & de patience comme il y avoit de feu & de vivacité: Il a fait des Tableaux qui n'ont pas moins de beauté que ceux de Titien: Sa Compofition & fes accommodemens font barbares pour l'ordinaire, & fes Contours ne font pas bien purs. Son Coloris & tout ce qui en dépend eft admirable.

LES BASSANS ont eu en Peinture un Gouft plus pauvre & plus miferable que le Tintoret, & ont* encore moins deſſeigné que luy. Ils ont eu un excellent Gouſt de Couleurs, & ont touché les Animaux de tres-bonne Maniere ; mais ils ont eſté fort barbares dans la Compoſition & dans le Deſſein.

A Parme LE CORREGE a peint deux grandes Couples à freſque & quelques Tableaux d'Autel. Ce Peintre a eu pour des Vierges, des Saintes & des Enfans certaines naïvetez gracieuſes, qui luy ont eſté particulieres. Sa Maniere eſt tres-grande & de Deſſein, & de Travail, quoy que ſans corrrection. Son Pinceau eſt des plus agreables & des plus faciles ; & l'on peut dire qu'il a peint avec une force, un relief, une douceur & une vivacité de Couleurs, qu'il ne ſe peut rien davantage. Il a ſceu diſtribuer ſes Lumieres d'une façon toute particuliere, & qui donne une grande force & une grande rondeur à ſes Figures. Cette Maniere conſiſte à étendre la Lumiere large, & à la faire perdre inſenſiblement dans les Bruns qu'il a placez hors des Maſſes, & qui leur donne une grande rondeur, ſans que l'on s'apperçoive d'où procede une ſi grande force & une ſi grande ſatisfaction à la veuë ; il ſemble en cela avoir eſté ſuivi des autres Lombards. Il n'a point eu l'élection des belles Attitudes, ny la diſtribution des beaux Grouppes. Son Deſſein ſe trouve ſouvent eſtropié, & les Poſitions n'y ſont pas beaucoup obſervées. Les Aſpects de ſes Figures ſont déplaiſans en beaucoup d'endroits : mais ſa Maniere de deſſeigner les teſtes, les mains, les pieds & autres Parties, eſt tres-grande, & bonne à imiter. Pour conduire & finir un Tableau, il a fait des miracles ; car il a peint avec tant d'union, que ſes plus grands Ouvrages paroiſſent avoir eſté faits en un ſeul jour, & ſemblent eſtre veus comme dans un miroir. Son Païſage eſt beau à proportion de ſes Figures.

En ce meſme temps eſtoit LE PARMESAN, lequel outre ſa grande Maniere de bien colorier, a eſté excellent pour l'Invention & pour le Deſſein, avec un

Genie plein de gentilleſſe & d'eſprit, n'ayant rien de barbare dans ſon choix d'Attitudes & dans les accommodemens de ſes Figures: ce qui ne ſe pourroit pas dire du Correge. Il ſe voit de luy de tres-belles choſes & bien correctes.

Ces deux Peintres eurent de tres-bons Diſciples; mais il n'y a que ceux du Païs qui les connoiſſent, encore n'y a-t'il pas grande aſſeurance à ce qu'ils en diſent; car la Peinture y eſt éteinte entierement.

Je ne dis rien de Leonard de Vinci: parce que je n'en ay veu que tres-peu de choſes, quoy qu'il aye réveillé les Arts à Milan, & y ait fait pluſieurs Diſciples.

LOVIS CARACHE, oncle d'Annibal & frere d'Antoine, étudia à Parme d'apres le Correge, & excella dans le Deſſein & dans le Coloris avec une grace & une candeur que le Guide, Diſciple d'Annibal, imita enſuite avec beaucoup de ſuccés. Il ſe voit des Tableaux de luy tres-beaux & tres-bien conduits. Il faiſoit ſa reſidence ordinaire à Bologne, & ce fut luy qui mit le crayon dans les mains d'Annibal ſon néveu.

ANNIBAL paſſa bien-toſt ſon Maiſtre en toutes les Parties; il a contrefait le Correge, le Titien, & le Raphaël en differens Tableaux quand il a voulu, excepté que l'on n'y voit point la Nobleſſe, les Graces & la Delicateſſe de Raphaël, & que ſes Contours ne ſont pas ſi purs ny ſi élegans: du reſte il eſt fort accompli & fort univerſel. Sa Maniere de deſſeigner & de peindre eſt grande & excellente, poſſedant puiſſamment ce qu'il ſçavoit avec un Genie admirable.

AVGVSTIN, frere d'Annibal, a eſté auſſi fort bon Peintre & Graveur tres-excellent. Il eut un baſtard nommé ANTOINE, qui mourut à 23. ou 24. ans, que l'on eſtimoit aſſurément devoir ſurpaſſer Annibal ſon oncle: car à ce qu'il ſe voit de luy, il ſemble qu'il prenoit un plus grand vol.

LE GVIDE imita principalement Loüis Carache, & retint toûjours la façon de peindre de son Maistre Laurent le Flamand, qui demeuroit à Bologne, & qui estoit competiteur & émule de Loüis Car. Le Guide se servoit d'Albert Durer, comme Virgile du Poëte Ennius, & remettoit cela à sa Maniere avec tant de grace & de beauté, que luy seul a plus touché d'argent, & s'est acquis plus de reputation dans son temps, que ses Maistres, & que tous les Disciples de l'Ecole des Caraches, bien que plus capables que luy. Ses Testes ne cedent en rien à celles de Raphaël.

SISTE BADALOCCHI a le mieux desseigné des autres Disciples : mais il mourut jeune.

L'ALBANE fut excellent en toutes les Parties de la Peinture, & sceut les belles Lettres.

LE DOMINIQUIN fut un Peintre tres-sçavant, & qui fatigua beaucoup, n'estant pas autrement avantagé de la Nature. Il a esté tres-profond en tout ce qui dépend de la Peinture; neantmoins il semble qu'il ait eu moins de Noblesse que tous les autres Disciples des Caraches.

JEAN LANFRANC de grand esprit & de grande vivacité, se maintint long-temps dans un excellent goust de Dessein & de Couleur; mais n'estant fondé que sur la Pratique, il lascha bien-tost le pied pour la Correction, de sorte que l'on voit plusieurs choses de luy fort strapassées & où il n'y a pas grande raison. Au reste, tous ces Disciples depuis la mort de leur Maistre sont tous allez en diminuant dans toutes les Parties de la Peinture.

LE VIOLE apprit à faire des Païsages fort âgé. Ce fut Annibal qui prit plaisir à luy montrer; & il s'en voit de luy de beaux à merveille & bien coloriez.

Du costé de l'Allemagne & des Païs-Bas Albert Durer, Lucas, Aldegrave, Isbin & Olbins furent tous de mesme temps : parmi lesquels ALBERT & OLBINS furent tres-sçavans, & auroient esté de la premiere Classe s'ils eussent veu l'Italie : car on ne les peut blâmer que d'avoir eu le goust Gottique, & principalement Albert. Pour Olbins, il a porté l'execution plus avant que Raphaël; & j'ay veu un Portrait de luy, qui en mettroit à bas un autre de Titien.

Entre les Flamands nous avons eu RVBENS, homme à qui la naissance avoit donné un esprit vif, delié, doux & universel. Son Genie estoit capable de l'élever non seulement au rang des Anciens Peintres, mais mesme aux Emplois les plus grands; aussi fut-il choisi pour l'une des plus belles Ambassades qui ayent esté de nos jours. Son Goust de Dessein sent plustost le Naturel Flamand que la Beauté de l'Antique; parce qu'il a esté tres-peu de temps à Rome. Quoy que l'on remarque dans tout ce qu'il a fait de la grandeur & de la noblesse, neantmoins l'on peut dire, generalement parlant, qu'il a mal desseigné : Mais pour les autres Parties de la Peinture, il les a penetrées & possedées autant que jamais Peintre ait fait. Ses principales études ont esté faites en Lombardie, & particulierement d'apres les Ouvres du Titien, de Paul Veronese, & de Tintoret : lesquels il a (pour ainsi dire) tous écremez, pour se faire des Maximes generales & des Regles infaillibles, qu'il a toûjours suivies, & qui luy ont acquis dans ses Ouvrages plus de facilité que le Titien, plus de pureté, de verité, & de science que Paul Veronese, & plus de majesté, de repos, & de moderation que le Tintoret. Enfin sa Maniere est si ferme, si sçavante, & si prompte, qu'il semble que ce Rare Genie ait esté envoyé du Ciel, pour apprendre aux hommes l'Art de peindre.

Son Ecole estoit remplie de quantité de bons Disciples, parmi lesquels VAN DEIK a esté celuy qui a le mieux compris toutes les Regles & les Maximes generales de son Maistre, & qui l'a mesme passé dans la delicatesse des Carnations & dans les Tableaux de Cabinet; mais qui a eu un aussi méchant Goust que luy dans la Partie du Dessein.

FIN.

Extrait du Privilege du Roy.

PAR Grace & Privilege du Roy il est permis à CHARLES ALPHONSE DU FRESNOY de faire imprimer un Livre, intitulé, *L'Art de Peinture*: Et Défenses sont faites à tous Imprimeurs, Marchands Libraires, & autres, d'imprimer, ou faire imprimer, vendre, ny debiter ledit Livre durant le temps & espace de cinq ans entiers, sur peine portée par ledit Privilege. Donné à Paris l'An 1667. Signé par le Roy en son Conseil, GARDIEN, & Scellé.

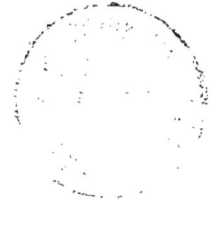

A PARIS,

De l'Imprimerie de FRANÇOIS MUGUET,
Imprimeur-Libraire Ordinaire du Roy
& de Monseig. l'Archevesque.

www.ingramcontent.com/pod-product-compliance
Lightning Source LLC
Chambersburg PA
CBHW050210230526
45470CB00001B/314